Le Guide iPad 2

Valéry Marchive

FIRST
> Interactive

Le Guide iPad 2

© Éditions First-Gründ, Paris, 2011
60, rue Mazarine
75006 Paris – France
Tél. 01 45 49 60 00
Fax 01 45 49 60 01
E-mail : firstinfo@efirst.com
Internet : www.editionsfirst.fr

ISBN : 978-2-7540-3050-2
Dépôt légal : mai 2011
Imprimé en France par IME, 3 rue de l'Industrie, 25112 Baume-Les-Dames
Mise en page : MADmac

Table des matières

Présentation

À qui est destiné ce livre ?.. ix
Contenu de ce livre...x
Comment utiliser ce livre ?..x

1 Faites connaissance avec votre iPad

L'écran tactile 2
Les boutons..6
Les prises de votre iPad.. 10
Deux caméras valent mieux qu'une.. 12
Le reste de l'équipement…... 13
Wi-Fi, Bluetooth et même 3G... 15
Dans la boîte…... 17
iOS, une logiciel très partageur... 19

2 Mise en route et bonnes habitudes à prendre

Activez avec iTunes... 22
Maîtrisez l'écran tactile.. 26
Simplifiez-vous la saisie de texte... 28
Des applications qui continuent à fonctionner…........................... 32
Ne cherchez plus, trouvez !... 35
Connectez-vous à Internet 37

3 Personnalisez votre iPad

Habillez l'écran d'accueil 44
Ajustez les réglages sonores.. 46
Choisissez la fonction du bouton latéral... 49

Activez les gestes supplémentaires 49
Un mot de passe contre les indiscrétions ? 51
Évitez les mauvaises surprises avec les restrictions d'utilisation ... 52

4 Direction : le Web !

Faites vos premiers pas sur le Web 58
Profitez pleinement des pages Web 64
Devenez un navigateur aguerri 67
Gagnez du temps avec les signets 70
Tout le Web ? 73
Personnalisez Safari 74
Emportez le Web dans votre poche 76

5 Ne vous perdez plus grâce à Plans

Prenez vos repères 80
Suivez le guide 83
Demandez-en plus à Plans 87
Ne perdez plus votre iPad 88
Paramétrez le service de localisation 89

6 Profitez de vos applications

Faites votre marché dans l'App Store 92
Gérez vos applications avec iTunes 96
Organisez vos applications 100
Gérez les données de vos applications 106

7 Domptez votre assistant personnel

Transférez vos comptes de messagerie, vos contacts
    et vos agendas 112
Gérez votre temps avec Calendrier 115
Gérez votre carnet d'adresses avec Contacts 120

8 Limitez le recours à la synchronisation

Stockez les messages, contacts, et agendas sur Internet................ 126
Pour vos signets Web, faites confiance… au Web ! 130
Stockez vos notes personnelles en ligne... 132
Allez plus loin... 137

9 Gardez le contact

Relevez votre courrier 142
Prenez la plume… 147
Réglez Mail à votre goût... 150
Profitez de la messagerie instantanée... 153
Essayez la visiophonie 156
Téléphonez par Internet.. 158
Des messages courts par Internet 161
Continuez de *tweeter* ! 163
Restez en ligne avec Facebook 166

10 Restez au fait de l'actualité

Suivez l'actualité avec les flux RSS 170
Osez les applications médias !... 175

11 Retrouvez le plaisir de lire

iBooks, le libraire façon Apple 182
Essayez Kindle, avec Amazon 187
Passez à GoodReader pour lire vos PDF 188
Et si vous bulliez un peu ?.. 191

12 Profitez de votre musique en tous lieux

Découvrez l'iPod qui se cache dans votre iPad............................... 194
Choisissez les morceaux à transférer.. 197
Profitez des listes de lecture.. 200

Réglez votre iPod 202

Coupez le cordon 203

Laissez-vous surprendre ! 203

Écoutez la radio *via* Internet 206

13 Détendez-vous avec la vidéo

Regardez vos vidéos 210

Alimentez votre baladeur 213

Réglez le lecteur vidéo 218

Branchez-vous sur le Web ! 218

Profitez de vos vidéos, sans fil 221

14 Faites bouger vos contenus multimédias

Profitez d'AirPlay depuis votre iPad 224

Accédez à vos contenus sans synchronisation 225

15 Profitez de vos photos numériques

Prenez des photos avec votre iPad 230

Chargez vos photos 232

Parcourez votre photothèque 236

Partagez rapidement une photo 238

Lancez un diaporama 240

Utilisez votre iPad comme cadre photo 241

Allez plus loin avec vos photos 243

Pensez à transférer vos photos… 244

16 Réalisez vos propres vidéos

Tournez une vidéo avec votre iPad 248

Montez votre vidéo 249

Et zou ! Diffusez votre vidéo 257

Pensez à transférer vos vidéos.. 259

17 Jouez, mais pas tout seul

Game Center 262

18 Laissez éclater votre talent musical

Gérez vos compositions 274

Profitez des instruments semi-automatiques.................................. 276

Jouez vous-même... 281

Enregistrez vos sources analogiques 285

Arrangez votre composition... 288

19 Au boulot !

Transférez vos documents sur votre iPad....................................... 292

Rapatriez vos documents sur votre ordinateur.............................. 294

Jonglez avec vos documents 298

Mettez vos textes en forme 301

Intégrez des éléments graphiques... 303

Apprivoisez Pages 307

Faites connaissance avec Keynote... 309

Jouez avec les chiffres 312

Pensez aux alternatives... 316

20 Imprimez sans fil

Trouvez une imprimante compatible 320

Imprimez un document... 321

Activez AirPrint pour d'autres imprimantes.................................. 323

Essayez l'impression dans le nuage... 324

A Mises à jour et dépannage

Redémarrez ! 326

Restaurez 327

Appliquez les mises à jour 327

B Des accessoires indispensables pour votre iPad

Protégez votre iPad 330

Ouvrez votre iPad sur le monde extérieur 332

C Les usages non conformistes de l'iPad

Oubliez la télécommande 334

Mieux qu'une souris, une tablette tactile 335

Offrez-vous un écran supplémentaire 336

D Le « jailbreak », ou comment en demander plus

iPad 2… le *jailbreak* avec fil à la patte 338

Index

Index 339

Présentation

À qui est destiné ce livre ?

Vous venez d'acheter un iPad 2 ? D'en réserver un ? À moins que vous ne l'ayez déjà reçu ? Ce livre est fait pour vous. Son ambition est de vous accompagner dans la découverte de votre iPad et de ses ressources jusqu'à vous permettre d'en maîtriser tous les rouages et d'en profiter pleinement. Peut-être serez-vous tenté de penser que, puisque l'iPad 2 est si simple et intuitif d'usage, ce livre ne vous sera d'aucune utilité. Si c'est le cas, je vous invite simplement à prendre le temps de le parcourir et de juger, par vous-même, des découvertes et des surprises qu'il pourrait bien vous réserver, qu'il s'agisse de l'utilisation des applications livrées avec votre iPad 2 ou d'autres, gratuites comme payantes, mais qui ouvrent toutes de nouveaux champs d'exploration.

Photo © Apple Inc.

Mais ce n'est pas parce qu'il s'agit d'un livre sur l'iPad 2 que l'utilisateur d'un iPad de première génération ne gagnera pas à le lire… De fait, l'iPad premier du nom peut également recevoir iOS 4.3, la dernière version du logiciel interne des appareils mobiles d'Apple. Du coup, si vous l'avez installé sur votre iPad « 1 », je vous invite à poursuivre la lecture.

Contenu de ce livre

Ce livre a été conçu comme un guide de l'utilisateur avancé. Autrement dit, il a vocation à vous montrer comment faire certaines choses avec votre iPad 2, comment l'utiliser en tirant au mieux parti de ses capacités. Et ce dans le cadre des principales occupations auxquelles se destine cette tablette : la consultation de sites Web, la communication avec des proches ou des collègues, le suivi de l'actualité, la lecture de livres électroniques, l'écoute de musique, la visualisation et la retouche de photos, le visionnage de vidéos, quelques tâches bureautiques…

Surtout, ce livre a été construit sur la base de l'expérience. Depuis plusieurs semaines, j'utilise l'iPad 2 à titre personnel et professionnel au quotidien, en cherchant astuces, applications, accessoires, pour faire de cet iPad 2 un outil aussi polyvalent et agréable que possible, pour moi, mais aussi pour mes proches, de tous âges et de toutes professions. Et, bien sûr, je n'ai pas manqué d'utiliser avec la même assiduité l'iPad de première génération dès sa sortie.

Comment utiliser ce livre ?

Dans ce livre, vous trouverez de nombreux pas-à-pas : des opérations dans lesquelles vous serez guidé étape par étape. Suivez-les et tout se passera bien ; des captures d'écran sont là pour vous guider.

Vous trouverez également de petites astuces : ce ne sont que des suggestions tantôt d'usage, tantôt d'application ou encore d'accessoire. Rien ne vous oblige à les suivre. Sachez simplement que ces suggestions sont le résultat de l'utilisation intensive de l'iPad 2 et de remarques et commentaires d'autres utilisateurs – français ou non – pressés de faire partager leur expérience de l'iPad 2.

Dernière petite remarque : au-delà de ce chapitre de présentation, je ne vous parlerai quasiment pas d'iPad 2, mais juste d'iPad. Pour faire simple. Cela dit, c'est bien un livre sur l'iPad 2 que vous avez entre les mains. Même si de nombreux points peuvent également s'appliquer à l'iPad de première génération : ils utilisent tous les deux la version 4.3 d'iOS, le logiciel interne des appareils mobiles d'Apple.

Maintenant, je vous souhaite bonne lecture. Et profitez bien de votre iPad !

Chapitre 1

Faites connaissance avec votre iPad

Félicitations ! Vous avez donc réussi à acheter un iPad – ce qui n'a pas forcément été une partie de plaisir au cours des premiers mois de son lancement, que ce soit aux États-Unis ou en Europe. Dites-vous que vous faites probablement des envieux ! Cela dit, pour simple et intuitif qu'il soit, votre iPad recèle de nombreux secrets : même ses premiers utilisateurs découvrent de petites astuces tous les jours… Commençons donc par prendre le temps d'observer de plus près votre nouvelle tablette tactile afin que vous puissiez la prendre en main efficacement.

Dans ce chapitre

- L'écran tactile
- Les boutons
- Les prises
- Deux caméras valent mieux qu'une
- Le reste de l'équipement…
- Wi-Fi, Bluetooth et même 3G
- Les accessoires
- iOS, un logiciel très partageur

L'écran tactile

C'est bien sûr ce vaste écran tactile de 9,7 pouces de diagonale, qui affiche 1 024 × 768 pixels, qui a capté votre attention, dès le premier coup d'œil. Et c'est bien compréhensible. Mais, justement, cet écran, c'est à la fois une chance et quelques contraintes.

Prenez soin de cet écran

Cet écran est essentiel : sans lui, votre iPad n'est rien de plus qu'un élégant presse-papiers. Mais, aussi efficace qu'il soit pour contrôler votre iPad et profiter du Web, de vos photos numériques ou de vos vidéos et de vos livres électroniques, cet écran mérite des attentions particulières.

● L'écran de votre iPad est traité, comme celui de l'iPhone 4, pour limiter la capacité des graisses de la peau à adhérer sur le verre. Mais ce n'est pas une garantie totale. Prévoyez un chiffon doux – comme celui qu'Apple fournit avec les iPhone ou les MacBook Pro, mais pas avec l'iPad… – pour nettoyer régulièrement l'écran.

Vous le constaterez assez vite : certaines parties de l'écran – celles que vous utiliserez le plus souvent, comme celle de la glissière de déverrouillage – vont très rapidement se salir ; bien plus que d'autres.

Une salissure répartie de manière hétérogène, donc, et qui, par endroits, est susceptible de perturber la lecture : sous les zones les plus tachées, le texte des pages Web ou des livres numériques peut paraître flou ou pâlot.

● L'écran de votre iPad est très réfléchissant. Comme il est également fort lumineux, ce n'est pas très gênant : dans la plupart des situations, l'écran de votre iPad devrait produire une image plus lumineuse que les éventuels objets clairs situés derrière lui et qu'il est susceptible de réfléchir. Mais évitez de trop tirer sur la corde en cherchant à lire longuement dans un environnement particulièrement lumineux ; vous vous fatigueriez inutilement les yeux.

L'écran de l'iPad est polarisé. Cela a notamment pour effet de renforcer les contrastes et d'améliorer la lisibilité. Mais il peut y avoir des effets secondaires avec… des lunettes de soleil polarisantes ! Selon l'axe de polarisation des verres, l'écran de l'iPad peut apparaître noir derrière elles, en orientation portrait ou en orientation paysage. Bien évidemment, cela peut être gênant… mais vous êtes prévenu.

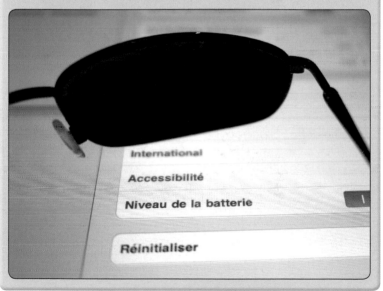

Dans la pratique...

L'intensité du rétroéclairage de l'écran de votre iPad – et donc sa luminosité – peut s'adapter à la luminosité ambiante. Et c'est plutôt une bonne idée : le soir, pour lire dans une chambre sombre, un écran trop lumineux peut vite être inconfortable. Voici comment ajuster les réglages de luminosité de l'écran de votre iPad :

1 Tapotez l'icône **Réglages** puis **Luminosité et fond d'écran**.

2 Activez l'option **Réglage automatique** pour permettre à l'iPad d'ajuster la luminosité de l'écran en fonction de la luminosité ambiante.

3 Ajustez la luminosité de l'écran à l'aide de la glissière *ad hoc*.

iBooks propose une autre option agréable : appuyez sur l'icône **AA** en haut à droite et activez **Sépia** ; le fond de la page n'est plus blanc mais… sépia. C'est plus doux pour lire sur un écran à cristaux liquides rétroéclairé.

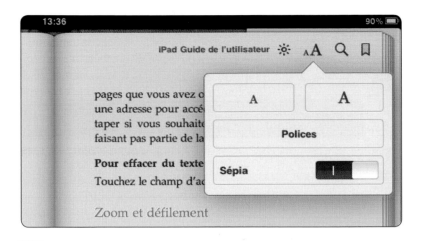

Certaines applications, comme iBooks, CloudReaders ou GoodReader intègrent leur propre réglage de luminosité. Indépendant de celui proposé par Apple dans l'application Réglages, ce niveau de réglage supplémentaire vous permet, ponctuellement, d'ajuster plus finement la luminosité de l'écran, à la hausse comme à la baisse. C'est particulièrement appréciable pour lire un livre le soir, au calme, ou, plus généralement, du texte noir affiché sur un fond blanc. À utiliser sans modération.

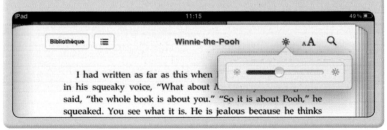

Sur l'iPad, vous pouvez également accéder très rapidement au réglage de la luminosité de l'écran :

1 Appuyez deux fois successivement sur le bouton principal.

2 Faites glisser vers la droite la barre en bas de l'écran.

3 Ajustez la luminosité de l'écran à l'aide de la glissière de gauche.

4 Lorsque vous avez fini, appuyez une fois sur le bouton principal pour faire disparaître la barre du bas de l'écran.

Les boutons

L'écran tactile n'est pas le seul moyen par lequel vous serez amené à interagir avec votre iPad : il faut y ajouter quelques boutons.

Le bouton principal

Il est facile de l'identifier : c'est le seul à se trouver sur la façade de l'iPad, sur l'un des côtés de l'écran ; il est illustré d'un carré blanc. Ce bouton recouvre plusieurs utilisations :

● Lorsque l'écran de votre iPad est éteint, un appui sur le bouton principal permet de le rallumer et d'afficher l'écran verrouillé. Il ne vous reste donc qu'à le déverrouiller pour profiter de votre iPad en déplaçant la glissière *ad hoc* en bas de l'écran.

● Depuis l'écran d'accueil de votre iPad (celui qui vous présente les icônes des différentes applications installées), une pression sur le bouton principal vous permet d'accéder au système de recherche : celui-ci vous aide à retrouver des applications, ou le contenu d'applications comme, des contacts enregistrés dans Contacts, ou encore des courriers électroniques, des rendez-vous de votre agenda, *etc.*

● En cliquant deux fois de suite rapidement sur le bouton principal, vous affichez la liste de toutes les applications ouvertes – et qui fonctionnent à l'arrière-plan (ou presque). Et vous pouvez les refermer une par une (voir chapitre 2). En faisant glisser cette liste vers la droite, vous accédez aux commandes de l'iPod, au verrou d'orientation de l'écran, ainsi qu'au contrôle de la luminosité.

Les boutons de réglage du volume

Sur la tranche, en haut à droite – lorsque vous tenez votre iPad de sorte à placer en bas le bouton principal – se trouvent les boutons de réglage du volume. Ceux-ci vous permettent d'augmenter et de diminuer le volume de sortie audio de l'iPad. Mais avec quelques subtilités :

● Lorsque vous branchez un casque sur la prise idoine, les réglages appliqués avec les boutons de réglage du volume ne s'appliquent qu'à la sortie casque ; pas au haut-parleur interne. Et *vice-versa*.

● Le réglage du volume sonore pour la lecture des vidéos ou des morceaux musicaux est distinct de celui du volume « principal ». Néanmoins, lorsqu'une application de lecture multimédia est lancée, les boutons de réglage du volume permettent d'ajuster le niveau de restitution sonore.

Attention aux mauvaises surprises ! Vous avez coupé le son de votre iPad et vous pensez pouvoir surfer en toute discrétion ? Rien n'est moins sûr ! Si vous lancez une vidéo, un diaporama, ou qu'un contenu audio démarre automatiquement, la surprise risque d'être de taille !

N'oubliez pas que vous pouvez aussi accéder au réglage du volume sonore en deux appuis rapides sur le bouton principal.

Le bouton de veille

Vous trouverez ce bouton sur la tranche supérieure de l'iPad, à droite – lorsque vous tenez votre iPad, bouton principal placé en bas. Ce bouton a une fonction simple : mettre l'iPad en veille, c'est-à-dire éteindre et verrouiller son écran.

Peut-être vous demandez-vous comment sont réalisées les photos d'écran qui illustrent les pages de ce livre ? Ce ne sont pas des photos : on parle de *captures* d'écran. Elles sont réalisées directement sur un iPad en enfonçant simultanément le bouton de veille et le bouton principal – l'écran vire au blanc durant une seconde pour indiquer que la capture a réussi. Les images ainsi produites sont ajoutées à la photothèque de l'iPad. Elles peuvent ensuite être partagées, par courrier électronique, notamment. Pensez-y, par exemple, pour envoyer des captures d'écran à des proches pour les guider dans l'utilisation d'un logiciel ou… pour leur demander un coup de main lorsque vous êtes bloqué.

Ce bouton est aussi là pour vous permettre d'éteindre et d'allumer votre iPod, iPhone ou iPod Touch. Pour l'extinction, c'est simple :

1 Maintenez enfoncé le bouton de veille jusqu'à ce que l'écran s'assombrisse et qu'apparaisse, en haut, une glissière en rouge intitulée **Éteindre**.

2 Déplacez la glissière vers la droite pour éteindre votre appareil ou appuyez sur le bouton **Annuler**, en bas de l'écran, pour reprendre son utilisation normale. Notez que si vous ne faites rien pendant quelques secondes, l'ordre d'extinction sera annulé automatiquement.

Pour allumer votre iPhone, iPad ou iPod Touch, la procédure est quasiment la même :

1 Maintenez enfoncé le bouton de veille jusqu'à ce que le logo d'Apple apparaisse à l'écran.

Voilà, le démarrage est en cours. Une fois qu'il sera terminé, vous verrez apparaître l'écran de veille.

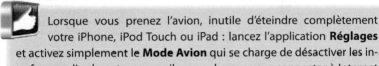

Lorsque vous prenez l'avion, inutile d'éteindre complètement votre iPhone, iPod Touch ou iPad : lancez l'application **Réglages** et activez simplement le **Mode Avion** qui se charge de désactiver les interfaces radio de votre appareil – en vol, pour vous connecter à Internet en Wi-Fi sur un avion ainsi équipé, vous pourrez réactiver l'interface Wi-Fi séparément des interfaces Bluetooth et 2G/3G. Et si vous devez éteindre votre *Igadget* durant les phases de décollage et d'atterrissage, pensez à activer le **Mode Avion** avant l'extinction : vous serez ainsi sûr que les interfaces radios seront à l'arrêt lors du rallumage de l'appareil, en vol, pour profiter de ses fonctions multimédias ou de ses jeux, par exemple. Et vous pourrez désactiver le **Mode Avion** après l'arrêt complet de l'appareil et l'ouverture des portes.

Le bouton latéral

Cet interrupteur se trouve sur la tranche de l'iPad, en haut à droite – lorsque vous tenez votre iPad, bouton principal vers le bas –, juste au-dessus des boutons de réglage du volume.

Son rôle est simple : empêcher l'affichage de changer d'orientation entre paysage et portrait de manière intempestive. Pensez à activer ce verrou lorsque vous lisez, par exemple, avec l'iPad à plat sur une table ou posé sur vos genoux : un faux mouvement et l'accéléromètre pourrait provoquer un changement d'orientation inopiné.

Mais la fonction de ce bouton est personnalisable et vous pouvez l'utiliser comme bouton silence, pour couper le son. Regardez donc dans l'application **Réglages → Général**.

Les prises de votre iPad

Produit simple par excellence, l'iPad n'est doté que de deux prises… l'une permet de brancher un casque ou un casque-micro ; l'autre sert à la recharge et à la synchronisation de l'iPad avec un Mac ou un PC, sur un port USB.

La prise casque-micro

Sur la tranche de l'iPad, en haut à gauche – lorsque vous tenez votre iPad bouton principal vers le bas – se trouve la prise casque (une prise mini-jack stéréo). Vous pouvez l'utiliser pour brancher un casque stéréo sur votre iPad, ou même le relier à une chaîne hi-fi ou à un autoradio doté d'une entrée audio analogique auxiliaire.

Mais ce n'est pas tout. Cette prise n'est pas qu'une sortie audio : c'est aussi une entrée pour micro. En clair, vous pouvez par exemple connecter à l'iPad un casque-micro d'iPhone et en profiter pour passer des appels par Internet avec une application telle que Skype.

Le port de synchronisation

Il se trouve tout en bas, sur la tranche, du même côté que le bouton principal de l'iPad. C'est là que vous brancherez – sous peu – le câble USB fourni par Apple avec votre iPad pour le synchroniser avec votre Mac ou votre PC et, surtout, l'activer *via* iTunes.

Ce port de connexion a d'autres fonctions. Il peut aussi recevoir le kit de transfert de photos numériques d'Apple. Celui-ci est constitué d'un lecteur de cartes mémoire SD (*Secure Digital*) et d'un adaptateur USB.

Ce dernier vous permet de brancher directement votre appareil photo numérique sur votre iPad pour lancer le transfert de vos tout derniers clichés.

Mais cet adaptateur USB peut aussi servir à brancher un clavier USB externe sur l'iPad, ou encore un casque-micro qui seront parfaitement reconnus par l'iPad et ses applications.

Deux caméras valent mieux qu'une

L'absence de caméra frontale était clairement l'une des principales lacunes de l'iPad de première génération. Mais entre-temps, Apple a lancé FaceTime, sa solution de vidéo-téléphonie par Internet. Une solution présente sur l'iPhone 4, l'iPod Touch, mais également les Mac. Dès lors, en faire l'impasse pour le nouvel iPad eut été mal venu. Comme pour essayer de se faire pardonner son oubli initial, Apple a ajouté une seconde caméra, au dos de l'appareil.

La caméra frontale

Elle se trouve au-dessus de l'écran, au milieu du cadre qui l'entoure lorsque vous tenez l'iPad de sorte à placer le bouton d'accueil en bas. Elle se contente de capturer des images au rythme de 30 par seconde avec une définition dite VGA de 640 × 480 pixels. Ce n'est grand chose mais c'est très largement suffisant pour discuter par Internet, avec Skype ou FaceTime. Pour la photo, en revanche, on évitera d'y recourir…

La caméra arrière

À l'arrière de l'iPad, près du bouton de veille, vous trouverez la caméra principale. Elle est capable d'enregistrer des vidéos en définition HD 720 p, au rythme de 30 images par seconde. Un peu encombrant comme camescope, mais certains seront sûrement ravis de pouvoir utiliser ce capteur optique supplémentaire. Il est d'ailleurs utilisable pour prendre des photos. Mais sans plus : la définition se limite à 960 × 720 pixels, comme sur l'iPod Touch. Et l'iPad 2 n'embarque pas de flash, contrairement à l'iPhone 4, bien plus adapté à la prise de vue.

Le reste de l'équipement...

Écran, prises, boutons... que reste-t-il à découvrir de cet iPad, du moins pour ses aspects matériels ? Quelques bricoles qui, tout compte fait, n'ont rien d'anecdotique : le microphone intégré, le haut-parleur ou encore, la batterie.

Le microphone intégré

Il se trouve au milieu de la tranche supérieure, lorsque vous tenez votre iPad bouton principal vers le bas. Ce micro vous permet, sans équipement supplémentaire, de dialoguer par Internet avec des logiciels tels que Skype, par exemple, et bien sûr FaceTime. Sa qualité devrait suffire, dans la plupart des cas.

Revenez quelques pages en arrière, à la présentation des prises : vous y découvrirez qu'il est possible d'utiliser un microphone externe pour améliorer la qualité de vos conversations par Internet.

Le haut-parleur

Votre iPad embarque un haut-parleur : regardez-bien ; le petit espace percé de multiples petits trous, à côté de la prise de synchronisation, est là pour permettre au haut-parleur de diffuser le son vers l'extérieur. Avec un rendu honorable – il ne faut pas en attendre la qualité ni la puissance d'une chaîne hi-fi, ni même d'un iMac : basses anémiques, aigus déformés pour peu que l'on tienne son iPad de manière à placer sa main sur le haut-parleur… pas de doute, le haut-parleur intégré ne fera pas de prodiges. Mais il devrait largement suffire à nombre de vos usages.

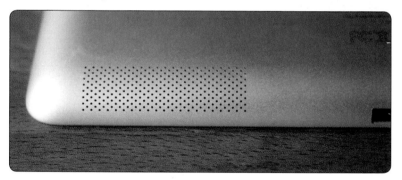

La batterie

Ne la cherchez pas des yeux : vous ne la verrez pas ; elle vous est totalement inaccessible. Une volonté d'Apple qui, passée la période de garantie, vous facturera une centaine d'euros pour remplacer la batterie de votre iPad, si nécessaire.

Selon Apple, cette batterie doit apporter à votre iPad une autonomie de l'ordre de 10 heures. Une estimation très modeste, du moins avec le modèle Wi-Fi : lors d'un test, tous les éléments de communication étant coupés, dans un avion, après la lecture de trois films, un iPad Wi-Fi indiquait toujours une charge de batterie supérieure à 50 %. Pas mal et très prometteur !

L'autonomie de votre iPad est liée à de nombreux facteurs. Mais, sans renoncer à vos usages, vous pouvez améliorer cette autonomie de deux manières : en baissant la luminosité de l'écran ; en coupant tous les éléments de communication sans fil (module 3G, Wi-Fi, Bluetooth).

Pour afficher de manière détaillée le niveau de charge de la batterie, en pourcentage et en permanence, en haut à droite de l'écran, appuyez sur **Réglages** → **Général**, puis activez l'option **Niveau de la batterie**.

Wi-Fi, Bluetooth et même 3G

Le tour du propriétaire est presque terminé. Mais avant d'en finir, il convient peut-être de s'arrêter quelques instants sur les différents modules de communication radio intégrés à votre iPad, et sur leurs usages.

Bluetooth

Votre iPad embarque un module de communication Bluetooth. Ça, c'est pour la bonne nouvelle. La moins bonne, c'est qu'Apple en a limité les applications. Mais, rassurez-vous : pour l'essentiel, il n'y a pas là matière à frustration. Le module Bluetooth de l'iPad peut en effet vous servir à le connecter à un casque stéréo sans fil qui utilise le même standard, ou bien encore à une chaîne hi-fi ou un autoradio également compatible Bluetooth. Le tout pour écouter de la musique ou, tout simplement, les effets sonores de vos jeux vidéo. En revanche, le module Bluetooth de l'iPad ne prend pas charge, pour le moment, les casques-micro sans fil. Inutile, donc, de penser utiliser l'oreillette radio de votre iPhone avec votre iPad pour *tchatter* sur Internet.

En outre, ce module Bluetooth ne permet pas d'utiliser la connexion à Internet d'un iPhone ou d'un téléphone mobile pour surfer avec l'iPad sur le Web.

Enfin, le module Bluetooth de la tablette d'Apple permet d'y connecter un clavier externe compatible à ce standard – celui que le constructeur propose pour les Mac fonctionne à la perfection (entre autres modèles).

Clavier Apple sans fil (photo © Apple, Inc.)

Wi-Fi

Vous le savez déjà : le module Wi-Fi de votre iPad permet de le connecter à Internet. Mais, ce que vous ne savez peut-être pas, c'est que ce module est compatible avec les toutes dernières versions du standard Wi-Fi, 802.11n, sur les bandes de fréquence de 2,4 et de 5 GHz. Et ça, c'est une excellente nouvelle : si vous êtes équipé d'une borne ou d'un routeur Wi-Fi compatible – à l'instar des AirPort Express, AirPort Extreme et Time Capsule d'Apple – vous pourrez utiliser votre iPad sur leurs réseaux 802.11n à 5 GHz sans la moindre dégradation de performances. C'est-à-dire sans devoir limiter les bornes à 2,4 GHz (avec une meilleure portée mais des débits moindres) ou faire cohabiter 802.11g et 802.11n (en amenant, au passage, tous les autres appareils sans fil à « redescendre » aux débits de 802.11g, la précédente version du standard Wi-Fi, bien plus lente).

Borne AirPort Extreme (photo © Apple Inc.)

3G

L'iPad est proposé par Apple en deux versions : Wi-Fi seul ou WiFi + 3G. La seconde version est proposée environ 100 € plus cher que la première. Mais elle permet – moyennant la souscription d'un abonnement *ad hoc* – de profiter du Web sur votre iPad sans devoir être constamment en quête d'un point d'accès Wi-Fi, ce qui peut être tout à fait appréciable.

Dans sa version 3G, l'iPad a besoin d'une carte à puce de type MicroSIM pour se connecter au réseau de téléphonie mobile. Celle-ci s'insère dans un petit tiroir comparable à celui qui, sur les iPhone, accueille la carte SIM.

Selon les opérateurs, la configuration de l'iPad et l'activation de l'abonnement peuvent se faire soit par l'abonné, chez lui, tranquillement, soit dans une boutique spécialisée de l'opérateur.

Dans la boîte...

Nous allons finir ce petit tour du propriétaire par deux accessoires apparemment anodins fournis par Apple : le chargeur secteur et le câble de synchronisation USB. Mais, vous allez le voir, ils n'ont rien d'anodin.

Le câble USB

Il est identique à celui d'un iPod ou d'un iPhone et remplit deux fonctions simples mais très utiles : synchroniser l'iPad avec un Mac ou un PC ; recharger la batterie de l'iPad. Et c'est là que le chargeur secteur entre en scène...

Le chargeur secteur

Celui-ci vous sera peut-être plus utile qu'il n'y paraît. En effet, bien que l'iPad puisse se recharger sur le port USB d'un Mac ou d'un PC… tous les ports USB ne délivrent pas la puissance électrique nécessaire à cette opération. En clair, si vous découvrez que votre iPad ne se charge pas lorsqu'il est branché à un port USB de votre ordinateur, il faudra recourir à l'adaptateur secteur.

Rassurez-vous, si vous êtes utilisateur de Mac : les derniers modèles d'iMac, MacBook et MacBook Pro d'Apple délivrent, sur leurs ports USB, la puissance électrique nécessaire.

Vous avez acheté une batterie de secours, externe, pour votre iPhone ? Si, physiquement, elle peut se brancher sur l'iPad, il est fort probable qu'elle puisse vous aider à augmenter son autonomie en l'alimentant. Sauf pour le recharger, du moins tant qu'il n'est pas en veille : la plupart de ces accessoires ne sont pas conçus pour fournir à l'iPad l'énergie nécessaire à sa recharge lorsqu'il est en cours d'utilisation.

iOS, une logiciel très partageur

Dernière petite chose avant d'entrer dans le vif du sujet. Connaissez-vous iOS ?
Non ? C'est le logiciel interne de l'iPad. Pour l'anecdote, ce logiciel est un système
d'exploitation de type Unix à l'instar de Mac OS X – le système d'exploitation
des Mac – auquel il emprunte d'ailleurs beaucoup, voire énormément. Bien sûr,
l'interface graphique est radicalement différente : objectivement, avec ses petites
cases à cocher, Mac OS X n'est pas franchement adapté à des interfaces de saisie
telles que des écrans tactiles. Et même s'il est capable de reconnaître des gestes
relativement complexes réalisés sur un pavé tactile multipoint, il n'est pas adapté
à une logique ergonomique de type pointer-cliquer du bout du doigt. iOS part
de ce constat pour proposer une relation homme-machine au contraire adaptée
au doigt humain. C'était même l'un des principaux points de la démonstration de
Steve Jobs, PDG d'Apple, lors de la présentation de l'iPhone de première génération, en janvier 2007. Une démarche qui fera le succès non seulement de l'iPhone,
mais de l'ensemble de la famille iOS. Eh oui : iOS, si vous le trouvez au cœur de
l'iPad, vous le trouvez également au cœur de l'iPhone et de l'iPod Touch.

Steve Jobs lors de la présentation de l'iPhone, en janvier 2007.
Photo © V. Marchive

« iOS équipe aussi l'Apple TV, la passerelle multimédia qu'Apple a conçue pour combler le gouffre séparant l'ordinateur personnel – qui stocke les contenus multimédias – et le téléviseur, support privilégié de consultation de contenus vidéo. »

Chapitre **2**

Mise en route et bonnes habitudes à prendre

Maintenant que vous savez tout ce qu'il y a à savoir sur les aspects physiques de votre iPad, peut-être avez-vous envie de commencer à l'utiliser ? Il est beau, soit. Mais simplement l'examiner sous toutes les coutures n'est probablement pas votre seule ambition … Pour commencer à en profiter, vous devez activer l'appareil, avec un Mac ou un PC et le logiciel iTunes. C'est la première étape. Nous passerons ensuite à la suivante : l'utilisation de l'écran tactile. Mais aussi le copier-coller – très pratique pour limiter l'usage redondant du clavier virtuel. Dernière étape dans ce chapitre : la configuration de votre iPad pour accéder à Internet.

Dans ce chapitre

● Activez avec iTunes

● Maîtrisez l'écran tactile

● Simplifiez-vous la saisie de texte

● Des applications qui continuent à fonctionner…

● Ne cherchez plus, trouvez !

● Connectez-vous à Internet

Activez avec iTunes

Pour fonctionner, votre iPad doit être, au moins une fois, connecté à un Mac ou un PC afin que le logiciel iTunes puisse lancer son activation. Bien sûr, le Mac ou le PC utilisé pour cette opération doit être connecté à Internet. Cette opération peut paraître un peu superflue, mais elle a un double intérêt. Tout d'abord, elle vous permet d'enregistrer votre appareil auprès d'Apple : en cas de soucis, cet enregistrement vous fera gagner du temps pour profiter de la garantie du constructeur. Ensuite, elle vous oblige à créer un compte pour l'iTunes Store. Une étape impérative pour télécharger des applications pour votre iPad, de la musique, des films ou encore des podcasts et des livres électroniques. Et cela vaut aussi pour les contenus proposés gratuitement.

Enregistrez votre appareil auprès d'Apple

Une fois votre iPad déballé, appuyez longuement sur le bouton de veille pour l'allumer – jusqu'à ce que la pomme, le logo d'Apple, apparaisse à l'écran. Une fois celle-ci disparue, votre appareil vous indique qu'il a besoin d'être connecté à votre Mac ou votre PC pour être activé *via* iTunes. Le message est laconique mais explicite. Voyez donc la photo ci-dessous.

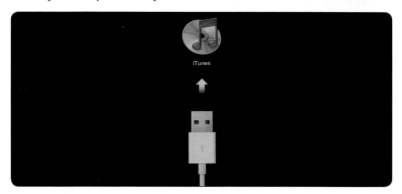

Une fois iTunes installé sur votre Mac ou votre PC, reliez votre iPad à un port USB de votre ordinateur à l'aide du câble fourni par Apple.

Que votre iPad ne dispose que d'une interface WiFi ou qu'il intègre, en plus, un module 3G, la procédure est la même. À un détail près : une carte Micro SIM activée par l'opérateur mobile (et donc associée à un abonnement ou à un compte prépayé) doit avoir été insérée au préalable. Et surtout ne pas être verrouillée par un code PIN.

L'activation, en elle-même, ne prend que quelques instants. Et, rapidement, iTunes vous propose de configurer votre iPad puis de l'enregistrer. Cliquez sur **Continuer**. iTunes vous propose alors d'essayer le service MobileMe d'Apple. Cliquez sur **Plus tard** si vous n'êtes pas intéressé. Ou bien sur **Faites un essai gratuit** (de 60 jours) et laissez-vous guider.

L'un des services de MobileMe est totalement gratuit pour les possesseurs d'iPad : Find My iPhone (`http://www.me.com/find/`). Pensez à vous inscrire pour en profiter : à partir d'un autre terminal iOS connecté à Internet – et avec l'application *ad hoc* proposée gratuitement sur l'App Store – ou d'un ordinateur – *via* un simple navigateur Web –, vous pouvez à tout moment consulter la localisation des appareils iOS enregistrés pour le service (*via* **Réglages** → **Mail, Contacts, Calendrier** → **Ajouter un compte** → **MobileMe**). Seule contrainte : que l'appareil recherché puisse accéder à Internet au moment de la recherche. Pratique pour retrouver un iPad égaré, voire volé.

S'ensuit le contrat de licence du logiciel de votre appareil. Cochez la case qui indique que vous reconnaissez l'avoir lu et accepté (même si c'est faux – qui lit véritablement le contrat de licence dans son intégralité ?), puis cliquez sur **Continuer**.

C'est là que commencent les choses sérieuses : vous devez configurer votre iPad :

- Si votre iPad vient en remplacement d'un autre appareil iOS (un iPad de première génération, par exemple) – ou en complément –, cochez la case **Restaurer à partir de la sauvegarde** et déroulez la liste correspondante pour sélectionner l'appareil *ad hoc*.

- Dans le cas contraire, cliquez sur **Configurer un nouvel iPad**.

Cliquez ensuite sur le bouton **Continuer**. Si vous avez opté pour une restauration, la configuration et l'enregistrement sont terminés : iTunes prend la situation en main et se charge de la suite de manière automatique. Le transfert des contenus vers votre appareil peut néanmoins prendre plusieurs dizaines de minutes.

Si vous avez choisi la configuration d'un nouvel appareil iOS, iTunes vous demande d'indiquer un nom pour lui, et vous propose quelques options :

- Cochez la case **Synchroniser automatiquement les morceaux...** pour laisser à iTunes le soin de gérer la musique à stocker sur votre tablette automatiquement.

- Cochez la case **Ajouter automatiquement des photos...** pour laisser iTunes piocher dans votre photothèque iPhoto ou Adobe Photoshop Elements, ou encore **Aperture** pour remplir de photos numériques votre iPad.

● Cochez la case **Synchroniser automatiquement les applications…** pour permettre à iTunes d'ajouter des applications achetées sur l'App Store d'Apple, *via* iTunes, sur votre iPad. C'est peut-être une bonne idée si vous avez déjà un iPod Touch ou un iPhone : vous pouvez tout à fait acheter une application pour l'un de ces appareils et l'installer aussi sur votre iPad, par exemple ; les applications acquises, gratuitement ou contre espèces sonnantes et trébuchantes, sont utilisables sur plusieurs appareils – et même partageables avec plusieurs comptes iTunes Store.

Lorsque vous êtes prêt, cliquez sur **Terminer**. Au bout de quelques instants – si vous n'avez coché aucune case – ou de plusieurs dizaines de minutes – si vous avez coché toutes les cases et qu'iTunes se sente en devoir de remplir les 64 Go de votre iPad flambant neuf haut de gamme –, votre appareil est bon pour le service.

Gérez les contenus de votre iPad

Une fois votre iPad activé et configuré, iTunes vous permet de gérer manuellement les contenus avec lesquels l'alimenter : applications, informations personnelles, photos, vidéos, podcasts, musiques, livres électroniques, *etc.* Et peut-être aurez-vous envie de le faire manuellement pour ne pas laisser iTunes saturer la mémoire de votre tablette de seule musique…

Tout cela se passe dans iTunes, à partir de l'écran ci-dessous :

Vous accédez à cet écran en cliquant sur le nom de votre iPad, dans la barre latérale d'iTunes. En haut de cet écran, des onglets vous permettent d'accéder aux paramètres de synchronisation spécifiques à chaque type de contenu. Et, en cliquant sur le bouton **Synchroniser**, vous permettez, comme vous pouvez l'imaginer, le transfert des contenus entre votre ordinateur et votre appareil iOS.

Les paramètres propres à chaque type de contenu seront décrits plus loin dans ce livre.

Maîtrisez l'écran tactile

La prise en main de l'iPad est très intuitive. Trop, peut-être. De fait, il est fort probable que vous vous lanciez rapidement dans son utilisation en vous fiant simplement à votre intuition. Et c'est très bien comme ça : les ingénieurs d'Apple se sont spécialement appliqués à rendre l'expérience utilisateur aussi simple et naturelle que possible. Mais à aller un peu vite, peut-être passerez-vous, au moins dans un premier temps, à côté de certaines possibilités… Ce serait dommage, non ? C'est tout l'objet des quelques pages qui suivent.

Tapoti, tapota...

C'est par là que tout commence : de petits tapotements sur l'écran, du bout du doigt. C'est simple : choisissez une icône, posez votre doigt sur l'écran au-dessus de celle-ci, puis relevez-le. Tapotez, en somme. Aussitôt, l'application correspondante se lance. Simple, efficace. Comparable à un clic de souris, mais du bout du doigt. Voilà pour la base : vous êtes prêt à passer à la suite. C'est aussi de cette manière que, dans Safari, notamment, vous « cliquerez » sur les liens dans les pages Web.

Faites défiler...

Pour faire défiler l'affichage (tout l'écran ou bien le contenu d'une fenêtre), ce n'est pas plus compliqué : posez votre doigt sur un côté de l'écran et glissez-le vers l'autre côté : le défilement est immédiat. C'est avec ce même geste que vous déverrouillez l'écran de votre appareil iOS ou que vous passez d'un écran d'accueil à un autre lorsque vous avez plusieurs « pages » d'icônes. Ou encore, dans l'application Photo, que vous passez d'une photo à une autre… Et, bien sûr, cela fonctionne tant verticalement qu'horizontalement. Pas d'inquiétude : vous allez voir, cela se fait très naturellement.

Notez que vous pouvez faire défiler l'affichage « au ralenti » : en laissant votre doigt posé sur l'écran et en déplaçant doucement, verticalement ou horizontalement, selon le besoin.

Tournez les pages

Petite subtilité avec les applications de type « liseuse électronique » telles que iBooks, CloudReaders ou GoodReader : pour passer d'une page à une autre d'un document PDF ou d'un livre électronique, vous pouvez utiliser le geste correspondant au défilement. Mais vous pouvez aussi tapoter les bords de l'écran : à droite pour passer à la page suivante, ou à gauche pour revenir à la précédente. Dans iBooks, c'est une option. Mais elle est activée par défaut et permet de passer plus rapidement d'une page à une autre pour ne pas perdre le fil de sa lecture.

Agrandissez, réduisez

Besoin d'agrandir le texte d'une page Web ou d'un document PDF ? Envie de voir de plus près une partie d'une photo ? Non seulement c'est possible mais, en plus, c'est facile :

- Pour agrandir l'affichage, posez deux doigts côte à côte sur l'écran puis écartez-les. L'effet est immédiat : l'agrandissement se fait selon l'écartement de vos doigts.

● Pour réduire l'affichage, posez deux doigts écartés sur l'écran puis rapprochez-les. Là encore, l'effet est immédiat : la réduction se fait suivant l'écartement de vos doigts.

Mais il y a un peu plus rapide. Avec l'application Safari, sur une page Web, par exemple, faites un *double tap* (tapotez deux fois successivement, rapidement) sur la partie de la page à agrandir : elle est agrandie instantanément pour occuper tout l'écran. Cela fonctionne aussi avec Mail, pour les courriers électroniques, ou encore avec les liseuses électroniques.

Faites un autre *double tap* pour revenir à la mise en page d'origine.

Toutes les applications ne permettent pas l'agrandissement ou la réduction de l'affichage. Mais les liseuses électroniques notamment, intègrent des commandes spéciales, dédiées à l'ajustement de la taille des textes.

Simplifiez-vous la saisie de texte

Saisir du texte, sur un clavier d'ordinateur, n'est pas une partie de plaisir pour tout le monde. Avec un clavier virtuel, sur un écran tactile, ce peut être plus confortable ou… moins. Selon la sensibilité de chacun. Une chose est sûre : si l'iPad est doté de fonctions qui vous évitent de taper quinze fois la même chose, ce serait dommage de ne pas en profiter…

Faites appel à la loupe

Comment faire pour corriger une erreur de frappe alors que le clavier virtuel de l'iPad ne propose pas de touches fléchées ? En utilisant la loupe !

1 « Tapez » dans la zone de saisie de texte concernée pour l'activer et faire apparaître le curseur d'insertion.

2 Posez votre doigt sur cette zone – et laissez-l'y – pour faire apparaître la loupe.

3 Faites glisser votre doigt horizontalement pour déplacer le curseur d'insertion jusqu'à l'endroit voulu, dans le texte saisi.

4 Relâchez : la loupe disparaît.

5 Corrigez votre faute de frappe.

Voilà ! Satisfait ?

Sélectionnez...

iOS intègre un… presse-papiers – comme votre Mac ou votre PC. Il s'agit d'un petit espace de mémoire dans lequel vous pouvez copier du texte pour, ensuite, le coller ailleurs et, ainsi, le dupliquer sans avoir à le taper de nouveau. Mais, pour en profiter, il faut commencer par sélectionner le texte que vous voulez « copier-coller. » Voici comment faire :

1 Faites un *double tap* sur un mot du texte à sélectionner et laissez votre doigt posé sur l'écran, sans le déplacer.

2 La loupe apparaît aussitôt, pour mieux vous montrer le texte sélectionné et, en l'occurrence, il est surligné en bleu.

3 Relâchez : la loupe disparaît. Le texte sélectionné reste surligné. Mais le début et la fin de la sélection sont marqués par des bornes spécifiques.

> Ces nouvelles solutions NetScaler offrent [Copier] bilité et l'élasticité du cloud computing au datacenter virtuel en améliorant la prise en [...] la vidéo, du multimédia et du Web 2.0.
>
> Contrairement aux appliances réseaux traditionnelles qui s'appuient sur un matériel cher et peu flexible, les nouveaux systèmes NetScaler proposent un modèle de tarification progressive « Pay-as-You-Grow » qui permet l'évolutivité des capacités à la demande sans mises à jour coûteuses. Pour répondre aux besoins émergents des entreprises en matière de déploiements cloud computing et services partagés, NetScaler 9.2 offre en exclusivité la technologie Flex Tenancy,

4 Du bout du doigt, déplacez le marqueur de début de sélection vers la gauche pour ajuster votre sélection.

5 Renouvelez cette opération avec le marqueur de fin de sélection, mais vers la droite, cette fois-ci.

Voilà, vous avez fini de sélectionner le texte que vous voulez utiliser. Mais qu'en faire maintenant ? Passons à la suite…

Coupez, copiez...

Observez attentivement : selon le contexte dans lequel vous avez procédé à la sélection, un ou deux boutons sont apparus au-dessus des éléments sélectionnés – **Copier**, voire **Couper**.

> [Couper   Copier   Coller]
>
> s réseaux traditionnelles qui s'appuient sur un matériel cher et peu flexible, les nouveaux systèmes NetScaler proposent un modèle de tarification progressive « Pay-as-You-Grow » qui permet l'évolutivité des capacités à la demande sans mises à jour coûteuses. Pour répondre aux besoins émergeants des entreprises
> Envoyé avec mon iPad

🔵 **Copier** : appuyez sur ce bouton pour placer une copie des éléments sélectionnés dans le presse-papiers afin de pouvoir les utiliser plus tard, peut-être même dans une autre application.

🔵 **Couper** : appuyez sur ce bouton pour placer une copie des éléments sélectionnés dans le presse-papiers et… effacer la sélection. Cette commande n'est bien évidemment disponible que si vous avez la possibilité de modifier le contenu que vous avez sélectionné – par exemple, du texte dans une application de type bloc-notes ou dans un nouveau message électronique.

... et collez !

Il est maintenant temps de déposer le contenu du presse-papiers là où il vous sera utile – dans un nouveau courrier électronique, une note, un formulaire Web, *etc.* :

1 Faites un *double tap* sur l'endroit où vous voulez coller le contenu du presse-papiers.

2 Si nécessaire, sollicitez la loupe pour ajuster le point d'insertion précisément.

3 Appuyez sur le bouton **Coller**.

Voilà, le texte précédemment copié – ou coupé – apparaît à l'emplacement que vous avez indiqué.

Lorsque vous sélectionnez un mot dans une zone d'édition de texte, un bouton supplémentaire apparaît au-dessus de la sélection : **Remplacer**. Ce bouton est là pour vous permettre de demander à votre iPad de formuler des suggestions pour une orthographe dont vous ne seriez pas totalement sûr ou pour réparer une correction d'orthographe automatique malheureuse.

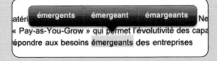

Des applications qui continuent à fonctionner…

… même quand d'autres sont lancées et en premier plan. Cela s'appelle le *multi-tâche*, une fonction introduite avec iOS 4 et qui était très attendue – votre iPad 2 utilise au moins la version 4.3. Explications et détails d'utilisation dans les lignes qui suivent…

Le multitâche, c'est quoi ?

Le multitâche, c'est donc la capacité pour un système d'exploitation – en l'occurrence iOS – d'exécuter plusieurs tâches en parallèle, simultanément. Que l'on ne s'y trompe pas : iOS est multitâche depuis sa naissance ; sinon, comment l'application Téléphone pourrait-elle signaler un appel entrant alors que l'application Mail est ouverte ? Mais jusqu'à sa version 4, iOS ne permettait pas aux développeurs de produire des applications exploitant cette capacité : lorsque l'on revenait à l'écran d'accueil ou que l'on mettait son iPad en veille, la dernière application en cours s'arrêtait automatiquement. Elle devait ensuite se relancer intégralement.

Mais iOS supporte-t-il réellement le multitâche dans les applications tierces – celles qui ne sont pas signées par Apple ? Non, pas exactement. Dans la pratique, les fonctions audio sont réellement multitâches : il est possible, par exemple, d'écouter une radio Internet pendant que l'on relève son courrier électronique ou que l'on surfe sur le Web. Et il en va de même pour les applications de téléphonie sur Internet : la conversation continue alors que l'on passe en parallèle à une autre application que Skype, par exemple. Et cela vaut également pour les applications qui utilisent les ressources de localisation d'iOS : elles continuent d'y accéder alors même qu'elles ont été propulsées en tâche dite de fond, à l'arrière-plan d'une autre application.

En outre, les applications qui ont commencé une tâche peuvent, si nécessaire, la finir sereinement à l'arrière-plan – une actualisation des informations publiées par un quotidien en ligne, par exemple. Et il est possible de passer rapidement d'une application à l'autre sans revenir à l'écran d'accueil.

Mais dans les faits, le multitâche s'arrête là : seules les applications liées au guidage par GPS, à la communication en voix sur Internet et à la lecture audio en flux continu continuent effectivement de fonctionner une fois placées à l'arrière-plan. Et encore, pas pour toutes leurs fonctions... Ainsi, une application que l'on aura reléguée à l'arrière-plan n'ira pas régulièrement se connecter à Internet pour mettre à jour son contenu. Certaines applications – comme celles de messagerie instantanée – se contentent d'en donner l'illusion en s'appuyant sur les mécanismes de notification en mode *push* : les serveurs informatiques de l'éditeur du service associé à l'application *poussent* (envoient) des informations – des notifications – vers l'application. Mais l'application, de son côté, est comme mise en « pause ».

Il en résulte une bonne nouvelle : vous n'avez pas à vous inquiéter du nombre d'applications que vous lancez, ni du fait qu'elles continuent ou pas de fonctionner en tâche de fond à votre insu et... vident au passage la batterie. De fait, une application de guidage GPS se met en pause automatiquement une fois le trajet terminé (sinon, elle continue de se signaler et vous pouvez forcer sa fermeture) ; une application de téléphonie sur IP se met en pause dès que la conversation est terminée ; et une application de lecture de musique en flux sur Internet... eh bien, votre oreille devrait suffire à vous informer !

Accédez à vos applications ouvertes

À tout moment, vous pouvez accéder à la liste des applications « ouvertes » en tâche de fond. Une liste qui s'apparente surtout à une liste des applications récemment utilisées : il suffit d'appuyer deux fois successivement sur le bouton principal de votre iPad.

Les icônes des applications en question apparaissent dans une sorte de tiroir en bas de l'écran. Faites défiler le tiroir vers la gauche pour accéder à plus d'applications. Et appuyez sur l'icône de l'une de ces applications pour y accéder rapidement – y compris sans repasser par l'écran d'accueil si vous avez invoqué le tiroir des applications récentes alors que vous étiez déjà en train d'utiliser une application.

En faisant défiler le tiroir vers la droite, vous accéderez aux contrôles de lecture audio et de verrouillage de l'orientation de l'écran. Sur votre iPad, vous avez également accès au réglage du volume et de la luminosité (voir chapitre 1).

Et si vous voulez simplement refermer le tiroir, contentez-vous d'appuyer une fois sur le bouton principal de votre iPad : le tiroir disparaît aussitôt.

Forcez la fermeture d'une application

Depuis le tiroir des applications récentes, vous pouvez également forcer la fermeture d'une application. Une application de guidage GPS, par exemple, que vous voulez fermer alors que vous n'êtes pas encore effectivement passé par le point « destination » et que le guidage risque de continuer encore un petit moment...

Pour cela, ouvrez le tiroir puis maintenez le doigt appuyé sur l'une des icônes. Vous devez voir ce que montre l'image ci-dessous :

Cela ne vous rappelle rien ? Si : la manière de supprimer des applications et des raccourcis Internet de l'écran d'accueil ! Eh bien là, appuyez sur la bulle rouge ornée d'un signe pour fermer l'application voulue. Et rassurez-vous : vous pouvez « fermer » ainsi les applications Téléphone et Message sans risque ; votre iPhone continuera de recevoir et de vous signaler les appels entrants et les SMS/MMS.

Ne cherchez plus, trouvez !

iOS 4 embarque un moteur de recherche, qui profite d'une technologie héritée de Mac OS X et appelée Spotlight. Grâce à ce puissant outil de recherche, vous pouvez retrouver des contenus dans votre iPad, qu'il s'agisse de courriers électroniques, de SMS/MMS, de contacts, de notes, d'événements de l'agenda, d'applications, de morceaux de musique, de podcasts, de vidéos, ou encore de livres audio. Et vous pouvez même lancer rapidement une recherche sur le Web ou Wikipedia…

Sollicitez Spotlight

Inutile de chercher très loin Spotlight, le moteur de recherche d'iOS. Depuis la page de l'écran d'accueil de votre iPad, appuyez simplement une fois sur le bouton principal : l'écran d'accueil glisse vers la droite et apparaissent clavier virtuel et champ de saisie intitulé « Rechercher ».

Pour lancer une recherche, rien de plus simple : tapez un ou plusieurs mots en relation avec le sujet de votre recherche à l'aide du clavier virtuel. Les résultats apparaissent au fur et à mesure. N'appuyez sur le bouton **Rechercher** du clavier virtuel que si vous souhaitez faire disparaître ce dernier –vous pourrez alors le faire revenir d'un petit *tap* sur le champ de saisie.

Faites défiler la liste des résultats de haut en bas, du bout du doigt. Et appuyez sur **Rechercher sur le Web** pour appeler Google à la rescousse, ou sur **Rechercher dans Wikipedia** pour invoquer l'encyclopédie en ligne – le tout dans Safari, le navigateur Web de l'iPhone.

Enfin, appuyez sur le bouton principal – ou faites glisser l'écran vers la gauche – pour retrouver l'écran d'accueil.

Configurez Spotlight

Les possibilités de configuration de Spotlight sont limitées. Néanmoins, vous pouvez lui indiquer où ne pas chercher et dans quel ordre afficher les résultats. Ça se passe dans l'application **Réglages → Général → Recherche Spotlight**.

🔵 Là, appuyez sur une ligne pour activer ou désactiver la recherche sur les contenus correspondants.

🔵 Maintenez le doigt sur l'extrémité droite d'une ligne et déplacez-la pour modifier sa place dans la liste – et ainsi celle des contenus correspondants dans les résultats affichés par Spotlight lors d'une recherche.

Voilà, c'est tout pour Spotlight.

Connectez-vous à Internet

Inutile de se voiler la face : si votre iPad peut déjà vous apporter une certaine satisfaction sans connexion à Internet, c'est bien une fois connecté qu'il livrera tout son potentiel. Avec la version WiFi+3G de l'iPad, l'accès à Internet est même une seconde nature – d'où l'importance de souscrire un forfait adapté.

Cela dit, pour accéder à Internet avec un iPad, vous pouvez vous appuyer sur la connexion offerte par un point d'accès Wi-Fi.

Configurez l'accès Wi-Fi

Connecter votre appareil iPad à un point d'accès Wi-Fi est d'une rare simplicité :

1 Ouvrez l'application **Réglages**.

2 Sur un iPad, dans la colonne de gauche, sélectionnez **Wi-Fi**. Les paramètres associés apparaissent dans le cadre de droite.

3 Assurez-vous que l'interface Wi-Fi de votre iPad est bien activée : vous devez voir un **I** blanc sur fond bleu à la ligne **Wi-Fi**.

4 Dans la section **Choisissez un réseau…**, tapotez simplement le nom du réseau Wi-Fi à portée et que vous voulez utiliser.

Par souci de sécurité, certains points d'accès Wi-Fi sont masqués : leur nom ne peut pas apparaître dans la liste des points d'accès détectés par votre iPad. Si c'est le cas du point d'accès que vous voulez utiliser, sélectionnez **Autre…** dans la liste des réseaux Wi-Fi détectés et indiquez manuellement le nom du point d'accès avant de reprendre la procédure à l'étape 5.

5 Si nécessaire, indiquez le mot de passe du réseau (voire votre nom d'utilisateur et votre mot de passe dans le cas d'un réseau Wi-Fi protégé par WPA Entreprise).

6 Patientez quelques instants : si le mot de passe saisi est correct, votre iPad est connecté.

Notez néanmoins que quelques manipulations peuvent être nécessaires avec certains routeurs/points d'accès Wi-Fi configurés pour restreindre l'accès à leurs services à une liste prédéfinie d'appareils. Reportez-vous alors à la notice d'utilisation du routeur ou du point d'accès.

Votre réseau Wi-Fi est protégé par un système de restrictions des accès ? Vous aurez besoin de connaître l'adresse MAC de l'interface Wi-Fi de votre iPad. Vous la trouverez dans **Réglages → Général → Informations**, à la ligne **Adresse Wi-Fi**.

Lorsque votre appareil iPad est connecté à un réseau Wi-Fi, appuyez sur la petite bulle bleue à l'extrémité de la ligne correspondante dans la liste des réseaux : vous pourrez consulter les informations relatives à la configuration IP de votre iPad sur le réseau Wi-Fi en question : adresse, passerelle, *proxy*, *etc*.

La force du signal du réseau est illustrée par une sorte d'ombrelle dans la barre d'état de votre iPad, tout en haut de l'écran, à gauche – à la droite du nom de l'opérateur mobile ou du mot « iPad » dans le cas d'un modèle dépourvu d'une interface 3G.

Passez la troisième !

Nous n'allons pas décrire, ici, le processus de configuration de votre iPad pour sa connexion à un réseau 3G. Pour la bonne et simple raison que ce processus dépend de l'opérateur mobile auprès duquel vous avez souscrit votre abonnement. Avec Orange, par exemple, vous devrez vous rendre dans une boutique aux couleurs de l'opérateur pour activer votre abonnement. Mais aucune configuration ne sera nécessaire : iOS embarque les fichiers qui intègrent les données nécessaires à l'accès à Internet. SFR, de son côté, a misé sur le *self service* : vous devez vous-même configurer votre iPad – en suivant les instructions communiquées par l'opérateur. C'est même sur l'appareil, directement, que vous pourrez recharger votre offre prépayée ou encore changer de formule.

Offre iPad… ou modem sans fil ? Les offres iPad des opérateurs mobiles ne sont pas les seules à pouvoir convenir à la connexion d'iPad à Internet. Vérifiez bien qu'aucun catalogue ne contient d'offre plus adaptée à vos besoins avant de vous précipiter. De même, on ne doit pas posséder impérativement la version 3G de l'iPad pour profiter de l'appareil en déplacement et sans Wi-Fi : certains constructeurs et opérateurs commencent à proposer des petits routeurs 3G/Wi-Fi, qui permettent de créer un petit réseau Wi-Fi pour se connecter à Internet *via* un abonnement 3G *ad hoc*. Une connexion qu'il est possible de partager, par exemple, entre un iPad et un ordinateur portable. Pratique en voiture lors des grands déplacements estivaux en famille…

Utilisez votre iPhone comme modem

Si vous disposez déjà d'un iPhone 4, voilà qui devrait vous intéresser. En effet, votre iPhone présente une particularité : il peut être utilisé pour partager son accès à Internet, en WiFi, avec d'autres appareils – jusqu'à 3 ou 5 simultanément, selon les opérateurs. Du coup, vous pouvez peut-être vous contenter d'acheter un iPad WiFi : vous le connecterez à Internet, en situation de mobilité, *via* le partage de connexion de votre iPhone 4.

Mais attention, le partage de connexion utilise un point de connexion GPRS/3G différent de celui qui lui sert pour ses besoins propres. Et l'accès à ce point de connexion – un APN – doit faire l'objet d'un abonnement spécifique ; une option parfois proposée au prix fort. Les informations la concernant sont accessibles directement depuis l'iPhone, dans **Réglages** → **Général** → **Réseau**. Là, il suffit de cliquer sur **Configurer Partage de connexion**.

Une fois l'option *ad hoc* souscrite, vous pourrez activer le partage de connexion. Seconde mise en garde : l'utilisation de cette fonction sollicite la batterie de votre iPhone comme si vous naviguiez sur Internet et en réduit l'autonomie.

Pour activer le partage de connexion WiFi, vous n'avez qu'à indiquer un mot de passe pour restreindre l'accès à votre point d'accès improvisé. Vous utiliserez ce même mot de passe sur votre iPad afin d'établir la connexion, de la même manière qu'avec n'importe quel point d'accès WiFi. Bon surf !

Vous vous déplacez à l'étranger ? Attention aux frais d'itinérance. Se connecter à Internet, avec un iPad 3G ou en partage de connexion avec un iPhone 4, depuis l'étranger peut revenir très très cher, même si les opérateurs ont commencé à faire des efforts pour proposer des options qui réduisent un peu la facture. Dès lors, si vous devez séjourner une semaine ou plus dans un pays autre que la France, regardez du côté des offres locales prépayées d'accès à Internet en mobilité. Aux États-Unis ou en Asie, cela peut s'avérer très intéressant. Quelques exemples : outre Atlantique, T-Mobile propose, à l'heure où sont écrites ces lignes, un accès illimité à Internet en mobilité pour 1,5 $/jour ; en Inde, Airtel propose un accès à 98 Rs (environ 1,5 €) pour 2 Go/mois. Compétitif, n'est-ce pas ?

Chapitre 3

Personnalisez votre iPad

Vous avez le choix : laisser votre iPad tel qu'Apple l'a configuré ou le rendre un peu plus personnel. Concrètement, vous pouvez changer le fond de l'écran de veille et de l'écran d'accueil, ainsi qu'adapter quelques réglages sonores. Et, bien sûr, protéger votre appareil iPad – et ses données – contre les importuns, grâce à un mot de passe. Enfin, si vous devez prêter votre iPad, pensez à activer les restrictions d'utilisation pour éviter, par exemple, que vos enfants n'achètent inconsidérément des jeux sur l'App Store… à votre insu, ou presque.

Dans ce chapitre

- Habillez l'écran d'accueil
- Ajustez les réglages sonores
- Configurez le bouton principal
- Activez les gestes supplémentaires
- Un mot de passe contre les indiscrétions ?
- Évitez les mauvaises surprises avec les restrictions d'utilisation

Habillez l'écran d'accueil

Ce que l'on appelle l'écran d'accueil, c'est cet affichage sur lequel sont présentées toutes les icônes des applications installées, comme ici sur un iPad.

Le personnaliser, c'est en changer l'image de fond. Ce qui est très simple :

1 Lancez l'application **Réglages**.

2 Dans la colonne de gauche, sélectionnez **Luminosité et fond d'écran**.

3 Dans le cadre de droite, tapotez sur le cadre **Fond d'écran**.

4 Vous accédez alors à la liste des illustrations disponibles. Apple en a préparé quelques-unes pour vous à la rubrique **Fond d'écran**. Mais vous pouvez aussi piocher dans l'un de vos albums photos listés ici. Ou encore dans les photographies importées depuis un appareil photo numérique avec le kit caméra d'Apple : elles sont rangées sous l'intitulé **Photos enregistrées**. Et, bien sûr, vous trouverez les photos prises avec le capteur photo intégré à votre iPad sous la rubrique **Pellicule**. Sélectionnez donc maintenant l'élément dans lequel vous voulez chercher votre nouveau fond d'écran.

5 Tapotez sur une photo pour la visualiser en plein écran et pouvoir décider, ou non, de l'utiliser comme fond d'écran. Pour revenir à la liste des photos, appuyez sur **Annuler**. Sinon, poursuivez.

6 Pour utiliser la photo sélectionnée comme fond d'écran d'accueil, appuyez sur **Écran d'accueil**.

Voilà : appuyez sur le bouton principal pour revenir à l'écran d'accueil et apprécier votre nouvel environnement visuel.

Habillez aussi l'écran verrouillé

Reprenez la procédure précédente et arrêtez-vous un instant à l'étape 5. D'autres options sont proposées :

- Appuyez sur **Écran verrouillé** pour définir la photo sélectionnée comme fond pour l'écran verrouillé.

- Appuyez sur **Les deux** pour appliquer la photo sélectionnée aux deux affichages.

Apple propose un support qui permet de maintenir l'iPad en position quasi verticale sur un bureau, une table ou un plan de travail. Mais ce n'est pas le seul : il en existe de nombreux autres modèles dont certains sont esthétiquement très soignés. Ces supports présentent un avantage : ils vous permettent d'utiliser votre iPad comme horloge de bureau, comme tableau de bord avec des applications liées à l'actualité ou la météo, voire comme cadre photo numérique (voir chapitre 15).

Ajustez les réglages sonores

Votre iPad va également communiquer avec vous par le biais de sons. Des sons qui correspondent, par exemple, à la confirmation d'une action que vous aurez demandée, ou encore à une alerte – lorsque arrive une notification « poussée » par une application pour indiquer qu'elle a du contenu nouveau à vous proposer ; une dépêche d'actualité par exemple.

Réglez le volume

Pour régler le volume de sortie du haut-parleur – ou des écouteurs – de votre iPad, vous pouvez utiliser les boutons dédiés (voir chapitre 1), la barre des multitâches (voir chapitre 2) ou bien passer par l'application **Réglages** :

1 Lancez l'application **Réglages**.

2 Sélectionnez **Général**, puis **Sons**.

3 Ajustez le volume avec la glissière *ad hoc*.

Activez/désactivez les « bips »

Au-delà du simple réglage du volume de sortie, vous pouvez activer ou désactiver certaines notifications sonores. Sous la glissière de réglage du volume se trouvent des interrupteurs relatifs aux notifications sonores pour l'arrivée de nouveau courrier électronique, l'envoi de courrier réussi, l'alerte du calendrier, le verrouillage ou encore lorsque vous utilisez le clavier virtuel.

Individuellement, activez ou désactivez chacun de ces interrupteurs selon votre goût.

Vous aviez l'habitude de vous réveiller avec votre iPod ou votre iPhone ? Pas de chance. L'iPad n'intègre pas d'horloge ni de fonction de réveil. Mais vous pouvez contourner cette absence en utilisant le calendrier : il vous suffit d'ajouter un événement et d'y associer une alerte sonore (voir chapitre 7). Mais vous pouvez également faire appel à une application tierce, telle que NightStand : une horloge pour iPad qui intègre une fonction de réveil (et supporte les musiques enregistrées dans votre iPad).

Si votre iPad relève votre courrier électronique en mode *push* ou à intervalles réguliers (voir chapitre 7), vous avez sûrement envie de désactiver la notification sonore d'arrivée de nouveau courrier... Qui sait, cela pourrait vous réveiller en pleine nuit. Voire, si vous recevez beaucoup de courrier électronique, vous empêcher de trouver le sommeil.

Paramétrez les notifications sonores

Vous allez le découvrir un peu plus tard, en installant des applications supplémentaires sur votre iPad : certaines applications peuvent vous « notifier » une information avec un son, une alerte à l'écran (une petite fenêtre qui résume l'information) ou un badge sur leur icône (un petit rond rouge avec un nombre correspondant à celui des nouveautés qui attendent votre attention). Concrètement, cela signifie quoi ? Que, par exemple, lorsque l'un de vos amis sur Facebook commente l'une de vos publications, l'application Facebook en est immédiatement informée par le service et vous notifie cette opération par une alerte, sonore et/ou visuelle. Application par application, vous pouvez effectuer les réglages suivants :

1 Lancez l'application **Réglages**.

2 Sélectionnez **Notifications**. Si la fonction est désactivée, activez-la avec l'interrupteur *ad hoc*.

3 La liste de vos applications susceptibles de produire des notifications s'affiche juste sous l'interrupteur.

4 Sélectionnez l'une des applications de la liste pour accéder aux réglages de ses notifications.

5 Activez/désactivez les interrupteurs selon vos besoins.

6 Renouvelez l'opération pour chaque application de la liste.

Choisissez la fonction du bouton latéral

Vous avez remarqué ce petit bouton situé sur la tranche de votre iPad, à côté des boutons de réglage du volume ? Ce bouton offre deux fonctions différentes, au choix : verrouiller l'orientation de l'écran en portrait ou en paysage, ou couper le son. Pour choisir, faites un tour par l'application **Réglages → Général**.

Activez les gestes supplémentaires

Si vous appréciez de commander votre iPad du bout du doigt, vous devriez apprécier les gestes multi-points supplémentaires imaginés par Apple. Ceux-ci permettent de réduire drastiquement le recours au bouton d'accueil de l'iPad. Par exemple, en activant les gestes supplémentaires, vous pouvez faire apparaître la barre des multitâches en faisant glisser quatre doigts vers le haut de l'écran. Ou même passer plus vite d'une application à l'autre…

Pour activer ces gestes, vous devez commencer par installer les outils de développement d'Apple, l'ensemble Xcode – dans sa version 3, disponible sur le disque d'installation de Mac OS X pour votre Mac, ou dans sa version 4, à télécharger dans le Mac App Store pour 4 €. Cela fait, procédez comme suit :

1 Sur votre Mac, lancez l'application **Xcode** depuis le dossier **Developer → Applications** situé à la racine de votre disque dur.

2 En l'espace de quelques secondes, l'écran d'accueil de Xcode disparaît, pour laisser la place à l'écran de l'**Organizer**.

3 Dans la liste des appareils iOS connectés à votre Mac, dans la colonne de gauche, sélectionnez votre iPad.

4 Cliquez sur le bouton **Use for Development**.

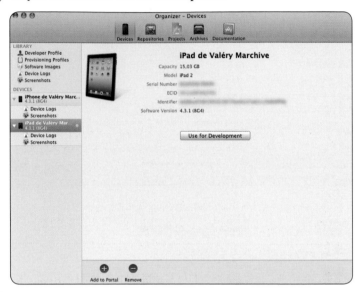

5 Xcode vous demande alors de vous identifier pour se connecter au portail de provisioning d'appareils iOS. Si vous n'avez pas souscrit d'abonnement au programme développeurs payant d'Apple, cliquez simplement sur **Cancel**.

6 Refermez Xcode ; votre iPad est prêt.

La suite se déroule sur votre iPad :

1 Lancez l'application **Réglages → Général**.

2 Activez l'interrupteur **Gestes pour le multitâche**.

Voilà, c'est prêt. Désormais, vous pouvez :

- Pincer l'écran avec 4 ou 5 doigts pour revenir à l'écran d'accueil.

- Balayer l'écran vers le haut à l'aide de 4 ou 5 doigts pour faire apparaître la barre des multitâches.

- Passer rapidement d'une application récemment ouverte à l'autre en balayant l'écran vers la droite ou la gauche, avec 4 ou 5 doigts.

Pratique, n'est-ce pas ?

Un mot de passe contre les indiscrétions ?

Votre iPad est rapidement susceptible de contenir des données très personnelles et, donc, précieuses. Du moins n'avez-vous peut-être pas envie qu'elles tombent entre n'importe quelles mains… Pour éviter ce désagrément, vous pouvez protéger votre iPad par un mot de passe. Voici la marche à suivre :

1 Lancez l'application **Réglages** → **Général**.

2 Sélectionnez **Verrouillage par code**.

3 Appuyez sur **Activer le code**.

4 Tapez le code à quatre chiffres que vous voulez utiliser pour protéger votre iPad, deux fois de suite.

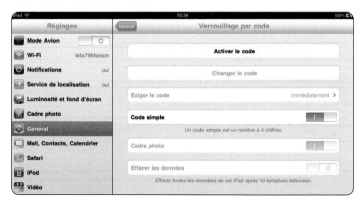

5 Appuyez sur **Exiger le code**. Là, sélectionnez l'une des durées proposées : elles indiquent le temps qui se sera écoulé depuis la mise en veille de votre iPad et à partir duquel le code sera exigé pour le déverrouiller.

6 Activez l'option **Cadre photo** si vous souhaitez que la fonction de cadre photo (voir chapitre 15) puisse être activée lorsque l'iPad est verrouillé, sans saisie du code.

7 Activez l'option **Effacer les données** si vous souhaitez que votre iPad efface automatiquement tout son contenu après la saisie de dix codes erronés. Une protection intéressante en cas de vol…

Voilà, votre iPad est protégé. Pour désactiver le code, c'est tout simple : revenez à cette section des réglages et appuyez sur **Désactiver le code**. Votre code de protection vous sera demandé.

> Vous avez oublié votre code ? Pas de panique : lancez une restauration de votre iPad dans iTunes, en utilisant sa dernière sauvegarde. Les données sauvegardées y seront recopiées. Mais pas l'exigence d'un code de sécurité. Et comme vous êtes son propriétaire légitime, tout va bien !

Évitez les mauvaises surprises avec les restrictions d'utilisation

Peut-être votre iPad n'est-il pas un appareil exclusivement personnel. Dans ce cas, et notamment si vous le prêtez à vos enfants, vous préférez probablement leur interdire de faire des achats inconsidérés à votre insu. Ou encore d'accéder à des contenus qui ne sont pas adaptés à leur âge… Pour activer ce type de restrictions, procédez comme suit :

1 Lancez l'application **Réglages** → **Général**.

2 Sélectionnez **Restrictions**.

3 Appuyez sur **Activer les restrictions**. Un code de verrouillage à quatre chiffres vous est demandé deux fois ; à vous de l'imaginer. Notez qu'il n'a pas à être identique au code de verrouillage évoqué précédemment.

4 Dans la liste **Autoriser :** activez ou désactivez une par une les applications pour lesquelles Apple vous propose de définir des restrictions : **Safari**, **iTunes,** le service de réseau social **Ping**, **YouTube**, mais également l'**AppStore** et, plus généralement, le service de géolocalisation, ou encore l'ajout et la suppression d'applications et les modifications de comptes, et même l'utilisation de l'**appareil photo** et de **FaceTime**.

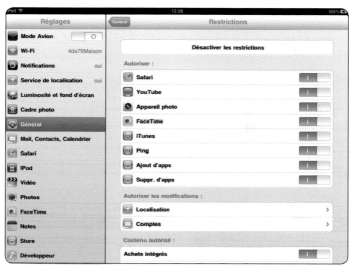

5 Activez ou désactivez les **Achats intégrés** : il s'agit d'une fonction qui permet, au sein d'une application, d'acheter des contenus et services supplémentaires – niveaux de jeux vidéo, abonnements à des journaux, *etc.*

6 Appuyez sur **Musique, podcasts**. Là, activez ou désactivez l'option **Explicite** : elle empêche l'écoute de musiques au contenu... explicite (propos violents ou à caractère sexuel marqué).

7 Appuyez sur **Restrictions** pour revenir à l'écran précédent.

8 Appuyez sur **Films**. Là, sélectionnez le niveau de restriction voulu : interdiction complète d'accès aux films, limite d'âge, ou autorisation sans limite. Attention, cette option ne fonctionne qu'avec les films achetés ou loués sur l'iTunes Store ; pas avec ceux que vous avez pu créer – à partir d'un Caméscope ou d'un enregistrement TV.

9 Renouvelez l'opération avec l'option **Séries TV**. Les mêmes réserves que précédemment s'appliquent.

10 Appuyez sur **Applications** (ou **Apps**, sur iPhone et iPod Touch). Là encore, vous pouvez choisir de limiter l'accès aux applications en fonction de l'âge de vos enfants.

11 Vient enfin la rubrique **Game Center**, relative au service de réseau social dédié au jeu vidéo d'Apple. Là, vous pouvez interdire/autoriser l'accès aux jeux multijoueurs en ligne ou encore l'ajout de nouveaux amis.

Voilà, vous avez fini. Notez que les applications bloquées sont toujours chargées dans la mémoire de votre appareil iPad mais… n'apparaissent plus sur ses écrans d'accueil. Il vous suffit de désactiver les restrictions pour les retrouver.

Rassurez-vous, désactiver les restrictions n'efface pas les réglages correspondants : si vous les réactivez, les réglages précédemment définis s'appliquent de nouveau, automatiquement.

Vous pouvez donc ainsi définir des restrictions que vous ne mettrez en place que lorsque vous « prêterez » votre iPad.

Attention : si iOS vous permet d'interdire les modifications sur les réglages du service de géolocalisation ou de vos comptes de messagerie, de carnet d'adresses et d'agenda, il ne vous permet pas de protéger les données des applications correspondantes. Par exemple, un enfant à qui prêtez votre iPad pourrait bien, par erreur, supprimer un message très important vous étant destiné. Un peu pédagogie s'impose sans doute…

Chapitre 4

Direction : le Web !

On vous l'a dit, répété… l'iPad est un appareil formidable pour surfer sur le Web. Et vous l'avez cru. Vous avez raison. Compte tenu de sa taille, l'écran de l'iPad s'avère très bien adapté à la consultation de sites Web. Le choix de l'orientation de l'affichage, entre portrait et paysage, rend cette consultation encore plus confortable. Sans compter les possibilités d'agrandissement et de réduction, à l'écran, du tout ou partie d'une page Web. Et puis, même si taper une adresse au clavier virtuel n'est pas rédhibitoire, Apple a prévu des solutions pour limiter au maximum le recours à cette méthode de navigation.

Et il faut encore ajouter à cela l'ingéniosité des développeurs indépendants. Par exemple ceux du logiciel gratuit Instapaper : avec lui, vous pourrez littéralement emporter en poche des articles tirés du Web pour les lire à tout moment sur votre iPad dans un format totalement épuré. Pratique et redoutablement efficace.

Dans ce chapitre

- Faites vos premiers pas sur le Web
- Profitez pleinement des pages Web
- Devenez un navigateur aguerri
- Gagnez du temps avec les signets
- Tout le Web ?
- Personnalisez Safari
- Emportez le Web dans votre poche

Faites vos premiers pas sur le Web

Commencer à surfer sur le Web avec votre iPad n'est pas bien compliqué. En fait, c'est l'affaire de quelques secondes. Voyez plutôt :

1 Lancez Safari, cette application à l'icône représentant un compas de... navigateur.

2 Vous y êtes presque : Safari vous gratifie d'un affichage gris avec une barre d'outils, en haut, et le clavier virtuel, en bas. Maintenant, c'est à vous de jouer : il faut taper l'adresse d'un site Web.

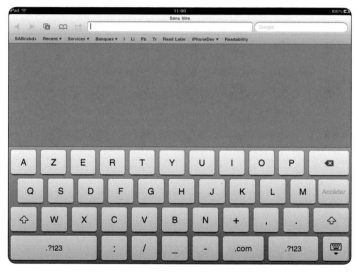

3 Utilisez le clavier virtuel pour ce faire. Notez, au passage, que vous pouvez *oublier* de taper « http:// » au début, et même les traditionnels « www. » et « .com » ou « .fr » : Safari se chargera de compléter l'adresse pour vous. Néanmoins, il est préférable de taper le suffixe « .com » ou « .fr » pour être sûr que Safari ne vous conduise pas à un site Web éponyme de celui que vous cherchez à consulter.

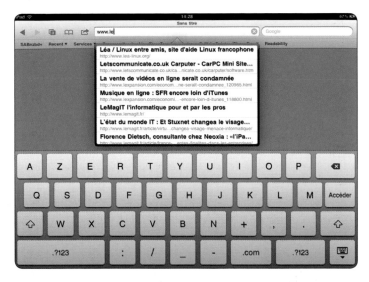

Autre chose : plus vous utiliserez Safari, moins vous aurez à utiliser le clavier virtuel pour taper les adresses des sites Web, notamment celles que vous consultez régulièrement : Safari les retient et vous fait des suggestions, les affine à mesure que vous tapez, comme sur l'illustration précédente. Sélectionnez simplement l'une des suggestions pour lancer immédiatement le chargement de la page Web correspondante.

Lancez une recherche sur le Web...

Vous ne connaissez pas l'adresse du site Web à visiter, ou vous voulez simplement lancer une recherche ? Pas de souci, Safari dispose du nécessaire :

1 Une fois Safari lancé, sélectionnez le champ de saisie de texte à l'extrémité droite de la barre d'outils, en haut de l'écran : c'est le champ de recherche ; par défaut, il s'intitule « Google ». Puis commencez à taper l'objet de votre recherche.

2 Là encore, vous avez droit à des suggestions qui s'affinent à mesure que vous tapez l'objet de votre recherche. Des suggestions formulées par Google, cette fois-ci. Sélectionnez simplement la suggestion qui vous semble la plus pertinente si vous voulez gagner du temps.

3 La page de résultats de Google commence aussitôt à se charger. La navigation peut commencer.

Avez-vous remarqué la petite loupe qui apparaît à droite de chaque résultat dans la liste proposée par Google ? Elle vous permet d'obtenir un aperçu de la page Web correspondante !

Pour l'essentiel, avec l'iPad, la navigation sur le Web se déroule de la même manière que sur ordinateur : posez votre doigt sur le lien que vous souhaitez suivre et la page correspondante commence à se charger.

Certains liens ne fonctionnent pas très bien avec un écran tactile comme celui de l'iPad ; ils n'interprètent pas votre premier « clic » comme un véritable ordre d'ouverture de page, mais plutôt comme le fait de sélectionner ou mettre en surbrillance. Dans ce cas, « cliquez » une seconde fois pour ouvrir la page Web voulue.

... et dans une page Web

Safari vous permet également de rechercher un mot dans une page Web. L'utilisation de cette fonction n'est pas totalement intuitive mais elle reste néanmoins efficace :

1 Appuyez sur le champ de recherche de Safari.

2 Tapez le mot recherché dans la page Web ouverte.

3 En bas de la liste de suggestions, apparaît une nouvelle rubrique : **Sur cette page**. Appuyez sur **Rechercher** sous cette rubrique.

4 L'apparence de la fenêtre de Safari est alors modifiée : le contenu de la page est automatiquement agrandi et la première occurrence du mot recherché est surlignée.

5 En bas de la fenêtre, appuyez sur **Suivant** pour passer à l'occurrence suivante, ou sur **Terminer** pour reprendre la navigation normalement.

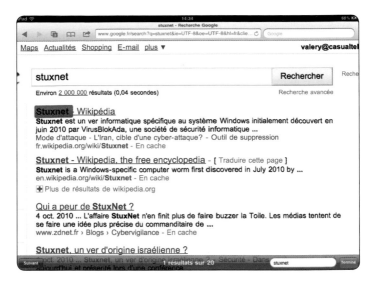

Une fois la recherche commencée, vous pouvez modifier à tout moment le sujet de votre recherche en ajustant le texte recherché dans le champ de recherche en bas à droite de l'écran.

Alors que vous surfez sur le Web, votre « consommation » de kilo-octets peut vite s'envoler. Ce n'est pas bien grave en Wi-Fi ou avec un forfait 3G illimité, mais cela peut rapidement s'avérer très coûteux avec un forfait 3G limité ou encore en itinérance, sur un réseau de téléphonie mobile étranger. Pour éviter les (trop) mauvaises surprises, surveillez votre consommation *via* l'application **Réglages** → **Général** → **Utilisation**. Tout en bas de cet écran, pensez à **Réinitialiser les statistiques** lorsque vous arrivez, par exemple, à l'étranger : en partant de compteurs remis à zéro, vous serez sûr de votre consommation.

Lorsque votre iPad repère un point d'accès Wi-Fi non sécurisé, il peut s'y connecter automatiquement ou vous proposer de vous y connecter. Mais, généralement, l'accès à Internet est protégé par un code ou, au moins, par l'acceptation de conditions générales d'utilisation. Dans l'un ou l'autre de ces cas, iOS commencera, dès le lancement de Safari ou d'une application nécessitant une connexion à Internet, par ouvrir la page spécifique qui vous permettra de répondre aux conditions nécessaires à l'usage du point d'accès Wi-Fi concerné. Une fois cette formalité remplie, vous pourrez profiter d'Internet.

Profitez pleinement des pages Web

Autant de nombreux sites Web existent sous une forme optimisée pour l'iPhone, autant l'iPad doit généralement se contenter de versions de sites Web prévues pour une consultation sur PC : leur ergonomie n'est que modérément adaptée à une tablette tactile. Du coup, c'est l'iPad qui s'adapte. Ou qui, du moins, vous propose toute une palette de solutions pour améliorer votre confort de consultation.

Zoomez, centrez, ajustez, cliquez

Voici une série de manipulations très simples que vous pouvez réaliser pour améliorer votre confort de lecture sur le Web :

- **Zoomez** : concrètement, posez deux doigts côte à côte sur l'écran tactile et éloignez-les l'un de l'autre : l'iPad agrandit l'affichage de la page Web. Au passage, remarquez à quel point les textes restent lisses et parfaitement lisibles.

- **Réduisez** : c'est l'opération inverse ; rapprochez vos deux doigts. Notez que si vous pouvez réduire l'affichage de la page Web à une largeur inférieure à celle de l'écran, vous ne pourrez pas la consulter de la sorte : Safari se chargera de réajuster l'affichage à l'exacte largeur de l'écran.

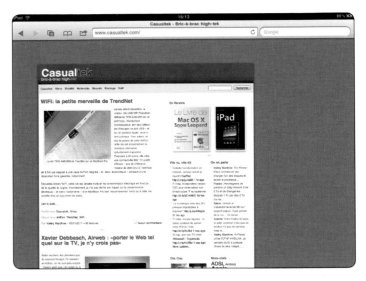

● **Ajuster** : pourquoi zoomer à la main quand Safari peut le faire automatiquement ? Par exemple, « double-cliquez » sur un paragraphe. Safari ajuste automatiquement le niveau de zoom pour un confort de lecture optimal.

Faites défiler

Comme la plupart des pages que vous consulterez sont conçues pour le monde de l'ordinateur personnel, vous serez amené à les faire défiler – de haut en bas ou de gauche à droite.

Safari, sur l'iPad, n'affiche pas ces ascenseurs verticaux ou horizontaux auxquels vous êtes probablement habitué. Pour la bonne et simple raison que vous ferez défiler le contenu des pages Web non pas avec une souris, mais du bout du doigt, en le faisant glisser de bas en haut (pour accéder au bas de la page) ou de droite à gauche (pour accéder à sa partie droite), ou en sens inverse. Simplement, un petit indicateur noir de progression apparaît pendant le défilement (sur le côté ou en bas de la page) : regardez donc la figure qui suit pour l'identifier.

Une petite astuce vous permet de revenir rapidement au début d'une page Web (tout en haut, en somme) : appuyez sur le titre de la page, juste au-dessus du champ d'adresse ; l'effet est instantané.

Portrait... ou paysage ?

N'oubliez pas que l'affichage de votre iPad est orientable : pour lire confortablement certaines pages Web, peut-être préférerez-vous le faire pivoter pour basculer son affichage en format paysage. De la sorte, vous devriez pouvoir lire ce qui se trouve dans la partie principale de la page Web tout en continuant de profiter des éléments latéraux. À moins que, tout simplement, vous ne souhaitiez disposer d'un affichage en plus gros caractères...

Regards croisés sur la crise financière telle que l'a traversée Bangalore — IT India

www.it-india.info/india/regards-croises-sur-la-crise-financiere-telle-...

Regards croisés sur la crise financière telle que l'a traversée Bangalore

Si l'industrie IT indienne a clairement et rapidement relevé la tête, la traversée de la crise financière n'a pas été complètement indolore. Cela s'est traduit dans les résultats trimestriels des grandes SSII indiennes, tout particulièrement entre le 4ème trimestre 2008 et le 3ème trimestre 2009. Mais sur le terrain, au quotidien, et précisément à Bangalore, comment cela s'est-il passé ? C'est la question que j'ai posée à trois personnes qui vivent sur place : deux indiens et un français.

Pour Karthik Shekhar, secrétaire général du syndicat Unites, la crise a dû générer «environ 50 000 pertes d'emploi. Officiellement, l'industrie ne fournit pas de chiffres; nous tirons cette estimation des contacts que nous avons eu. Les salariés de Wipro que tu as

Devenez un navigateur aguerri

Ouvrir une page Web, cliquer sur un lien... Tout cela vous est probablement assez familier. Sur votre iPad, Safari recèle néanmoins quelques astuces pour vous permettre de profiter du Web avec un confort comparable à celui auquel vous êtes habitué sur votre Mac ou votre PC. Suivez le guide.

Revenez sur vos pas et maîtrisez le chargement des pages

C'est le b.a.-ba de la navigation sur Internet : revenir sur ses pas, puis recharger la page suivante ; interrompre un chargement de page Web, *etc.* Voici comment faire :

● Lorsque Safari est en train de charger une page Web, le champ d'adresse vire au bleu : il se transforme en indicateur de progression du chargement. Pour interrompre le chargement, appuyez sur la croix à l'extrémité droite du champ d'adresse.

● Lorsque le chargement d'une page est terminé, la croix, à l'extrémité droite du champ d'adresse, se transforme en une flèche qui tourne sur elle-même : appuyez dessus pour recharger la page affichée.

● À l'extrémité gauche de la barre d'outils de Safari se trouvent deux flèches : utilisez-les pour naviguer parmi les pages Web déjà visitées.

Jonglez avec les fenêtres

Non, Safari ne vous limite pas à une seule page Web ouverte. Encore heureux ! Profitez-en donc pour jongler entre les pages Web – et notamment vos pages Web favorites – de la même manière que vous utilisez des onglets dans Firefox, Chrome, Internet Explorer ou encore Safari, sur votre Mac ou votre PC :

● Pour accéder à toutes les pages ouvertes, appuyez sur le bouton situé à droite des deux flèches de navigation dans la barre d'outils de Safari. Vous pourrez voir un aperçu de chaque page Web ouverte, et appuyer sur celle à laquelle vous souhaitez accéder.

Là, vous pouvez ouvrir une nouvelle page, ou encore fermer une page ouverte, en appuyant sur la petite croix, en haut à gauche de l'aperçu.

Vous pouvez également suivre un lien dans une nouvelle fenêtre. Pour cela, appuyez longuement sur le lien voulu jusqu'à voir apparaître le petit menu local de la capture suivante. Sélectionnez alors **Nouvelle fenêtre**.

À ce stade, si vous sélectionnez la commande **Copier**, l'adresse de la page correspondant au lien visé est copiée dans le presse-papiers de l'iPad. Vous pourrez, par exemple, la coller dans un message électronique pour la partager avec un proche.

Gagnez du temps avec les signets

Bien sûr, vous pouvez taper manuellement l'adresse de chacun des sites Web que vous consulterez avec votre iPad, ou encore vous reposer essentiellement sur les liens hypertexte pour passer d'une page à une autre… Mais utiliser les signets vous fera gagner un temps précieux.

Synchronisez vos signets

Par défaut, Safari, sur votre iPad, profite des signets que vous avez définis sur votre Mac ou votre PC… pour peu que vous utilisiez Safari ou Internet Explorer comme navigateur. C'est iTunes qui se charge de la synchronisation des signets, automatiquement.

Avec Google Chrome ou Firefox, vous devrez recourir aux extensions Xmarks pour ces navigateurs, puis accéder au site Web Xmarks, depuis votre iPad, pour profiter de vos signets.

Et si vous misiez sur le *Cloud Computing*, l'informatique dans le nuage, qui s'appuie massivement sur Internet ? Le service Google Bookmarks (`http://bookmarks.google.com/`) – qui fonctionne naturellement avec le navigateur Google Chrome – vous permettra d'accéder, dans Safari, aux signets que vous utilisez sur votre Mac ou votre PC. Et même à l'historique de votre navigation sur votre ordinateur personnel. Bien vu, non ?

Profitez de vos signets

Accéder à vos signets, avec Safari, est assez simple : il vous suffit d'appuyer sur l'icône en forme de livre ouvert dans la barre d'outils de l'application. Un menu en surimpression apparaît alors.

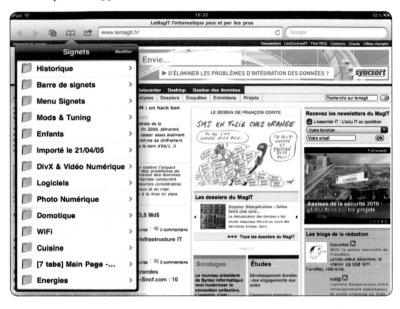

À partir de là, naviguez entre les sous-dossiers de vos signets *via* le bouton **Signets**. Et pour accéder à une page Web, appuyez simplement sur le signet correspondant dans la liste.

L'application Safari de votre iPad respecte également la barre des signets d'Internet Explorer ou de Safari sur votre ordinateur personnel. Par défaut, une barre de signets est donc accessible dans Safari sur iPad, sous la barre d'outils, lorsque vous ouvrez une nouvelle fenêtre ou que vous activez le champ d'adresse. Et, dans cette barre de signets, vous pouvez placer des dossiers de signets qui vous sont présentés dans un menu en surimpression.

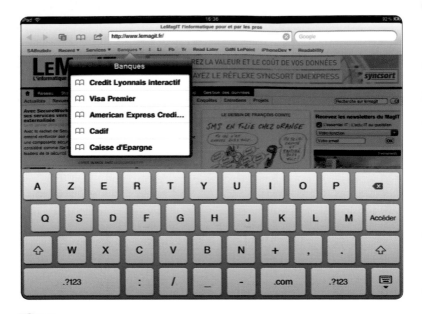

Si la barre de signets n'apparaît pas, c'est qu'elle est… cachée. Pour forcer son affichage en permanence, ouvrez **Réglages** →**Safari** et validez l'option **Toujours afficher barre de signets**.

Ajoutez un signet à l'écran d'accueil

Vous souhaitez pouvoir accéder encore plus vite à vos sites Web favoris ? C'est possible en ajoutant un signet à l'écran d'accueil. Il apparaîtra sous la forme d'une icône, à l'instar d'une application : vous pourrez donc accéder à la page Web correspondante en un seul « clic ».

1 Appuyez sur le bouton illustré d'une flèche vers la droite dans la barre d'outils de Safari, à gauche du champ d'adresse.

2 Dans le menu qui apparaît, sélectionnez **Ajouter à l'écran d'accueil**.

3 Personnalisez l'intitulé du signet à ajouter à l'écran d'accueil puis appuyez sur **Ajouter**. Votre nouveau signet est immédiatement créé sur l'écran d'accueil de votre iPad.

Tout le Web ?

Non. Votre iPad ne vous permet pas de profiter de l'intégralité des ressources du Web. Précisément, il ne sait pas lire les contenus Java et Flash : certains éléments d'interactivité resteront inaccessibles avec Safari sur votre tablette. Par exemple, n'imaginez même pas déclarer vos revenus avec votre iPad. Mais est-ce véritablement un handicap ?

Pas selon Apple qui, par la voix de son PDG, Steve Jobs, assume pleinement ce choix, notamment en ce qui concerne Flash : le navigateur Safari d'iOS supporte les dernières technologies du Web qui permettent de reproduire, sans Flash, le niveau d'interactivité que l'on connaît… avec Flash. La consommation de ressources processeur – et donc de batterie – en moins. Ce qui est plutôt une bonne nouvelle pour un appareil nomade tel que l'iPad.

Dans la pratique, il convient de relever que Flash est principalement utilisé, sur le Web, pour la diffusion de vidéos, pour des petits jeux interactifs, ou encore pour des publicités.

S'il faut, avec iOS, faire l'impasse sur les deux derniers, l'absence de support de la technologie Flash d'Adobe n'est absolument pas un handicap pour la consultation de vidéos : YouTube et Daily Motion proposent leur application native pour iPad ; Vimeo diffuse ses vidéos de manière parfaitement compatible avec Safari.

Bref, dans la pratique, le choix d'Apple ne semble pas avoir quoi que ce soit de rédhibitoire.

Personnalisez Safari

Le navigateur Web d'iOS propose quelques réglages susceptibles d'accélérer la navigation sur Internet mais également, pour certains, de priver certains sites Web d'une part de leurs fonctionnalités. Découverte.

Quittez Google pour Yahoo!

Fatigué de Google ? Envie d'un autre moteur de recherche ? Vous pouvez utiliser Yahoo! :

1 Lancez l'application **Réglages** → **Safari**.

2 Sélectionnez **Moteur de recherche**.

3 Appuyez sur **Yahoo!**. C'est fait : vous pouvez relancer Safari et profiter du changement.

Gagnez du temps avec les formulaires

Remplir encore et toujours les mêmes formulaires (nom d'utilisateur, mot de passe, *etc.*) peut être rapidement fastidieux. Comme sur Mac et PC, Safari peut, sur l'iPad, l'iPhone et l'iPod Touch, enregistrer ces informations pour vos sites Web préférés. Il suffit juste d'activer la fonction d'auto-remplissage des formulaires, inactive par défaut:

1 Lancez l'application **Réglages** → **Safari**.

2 Sélectionnez **Auto-remplissage**.

3 Activez l'interrupteur **Coordonnées** pour autoriser Safari à utiliser les informations présentes dans votre fiche du Carnet d'adresses afin de remplir automatiquement les formulaires relatifs à vos coordonnées. À l'instar de ceux des sites marchands que vous devez renseigner pour passer une commande. Appuyez alors sur **Mes infos** et sélectionnez votre fiche dans la liste des contacts.

4 Activez l'interrupteur **Noms et mots de passe** pour autoriser Safari à mémoriser vos identifiants pour vos sites Web préférés.

5 Les modifications sont prises en compte immédiatement. Vous pouvez relancer Safari et reprendre votre *surf.*

À tout moment, vous pouvez effacer les noms et mots de passe enregistrés par Safari, *via* l'application **Réglages** → **Safari** → **Auto-remplissage**. Appuyez alors sur **Tout effacer**.

Évitez les pièges du Web

Comme sur Mac et PC, Safari, pour iOS, intègre un filtre censé vous protéger contre les tentatives d'hameçonnage – ou *phishing*. Bref, vous éviter de fournir des données personnelles à des sites malveillants… à votre insu. Ce système n'est pas parfait, mais il représente déjà un premier niveau de protection. Cela dit, rien ne vaut votre vigilance. Pour activer cette fonction :

1 Lancez l'application **Réglages** → **Safari**.

2 Activez l'interrupteur **Alerte de fraude**.

Allégez les pages Web

Certaines pages Web peuvent apparaître très lentes, pour leur affichage comme pour leur consultation. Peut-être est-ce la faute à un recours trop intensif à des programmes en langage JavaScript. Pour bloquer leur exécution, procédez comme suit:

1 Lancez l'application **Réglages** → **Safari**.

2 Désactivez l'interrupteur **JavaScript**.

Certains sites Web ont recours à ce que l'on appelle des *pop-up* pour afficher des publicités : des fenêtres qui, sur Mac ou PC, s'affichent au-dessus de la fenêtre principale du navigateur Web. Avec Safari sur votre iPad, ces fenêtres s'ouvrent dans… une nouvelle fenêtre. À moins que vous ne les bloquiez. Pour ce faire :

1 Lancez l'application **Réglages** → **Safari**.

2 Activez l'interrupteur **Bloquer les pop-up**.

Emportez le Web dans votre poche

L'iPad a beau embarquer un navigateur Web, surfer en déplacement n'est pas toujours très confortable. Surtout lorsqu'on veut lire un article publié sur Internet. Un service gratuit, associé à une application elle aussi gratuite, et proposé sur l'App Store d'Apple, permet d'améliorer considérablement le confort de lecture en situation de mobilité. Il s'agit d'Instapaper.

La logique est simple : commencez par vous inscrire sur le site Instapaper.com, gratuitement. Puis suivez les indications de l'éditeur du service pour ajouter, dans la barre d'outils de votre navigateur, un raccourci spécifique. Lorsque vous voulez « emporter » avec vous la page Web que vous consultez, cliquez sur ce raccourci : la page Web courante est automatiquement « sauvegardée » dans le service Instapaper. Enfin presque. En fait, ce qui est enregistré, c'est une version allégée de la page Web qui ne contient que le texte de l'article affiché dans la page Web et rien d'autre : pas de publicité, pas de barre de navigation, pas de colonne latérale ; juste le contenu principal qui vous intéresse.

Sur votre iPad, il ne vous reste plus qu'à installer l'application Instapaper et à la lancer. Au premier lancement, l'application vous demandera de vous authentifier, avec l'adresse e-mail et le mot de passe utilisés pour la création de votre compte d'utilisateur Instapaper.

Cela fait, l'application Instapaper se synchronise avec le service Instapaper.com, jusqu'à afficher une liste des articles sauvegardés.

Appuyez alors sur le titre d'un article dans la liste pour accéder à son texte complet. En appuyant sur le bouton **View original**, vous pouvez atteindre la page Web d'origine. Et la barre d'outils, en bas de l'écran, vous permet notamment d'ajuster la taille des caractères (bouton **AA**) et de partager l'article (bouton illustré d'une flèche orientée vers la droite, puis **Share**) – par courrier électronique, sur Twitter ou même Tumblr.

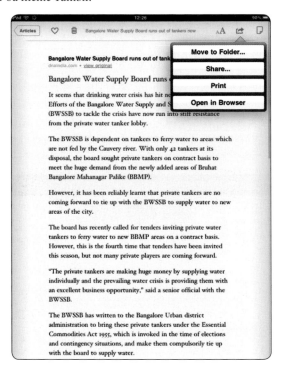

Chapitre 5

Ne vous perdez plus grâce à Plans

N'est-ce pas l'une des plus utiles applications de l'iPad ? Plans, cette application qui permet d'accéder à toute la puissance du service de cartographie en ligne Google Maps du bout des doigts… Sur l'iPad, elle prend une dimension extraordinaire. À tel point qu'elle vous donnera peut-être envie de remiser votre GPS et de confier votre iPad à votre passager ou passagère, en guide de cartes routières du xxıᵉ siècle.

Sur iPad 3G, Plans s'appuie tant sur la puce GPS embarquée que sur les informations de géolocalisation des relais de téléphonie mobile et sur une sorte de base de données géographique de points d'accès WI-FI. Sur iPad Wi-Fi, Plans doit se contenter de ces dernières informations. L'application est donc moins efficace et, surtout, moins « mobile ». Cependant, vous serez probablement surpris de sa précision.

Et c'est encore plus vrai si vous utilisez votre iPad conjointement avec votre iPhone, *via* sa fonction de partage de connexion : votre iPad récupère alors une part des informations de géolocalisation de votre iPhone ; Plans gagne sensiblement en précision.

Dans ce chapitre

- Prenez vos repères
- Suivez le guide
- Demandez-en plus à Plans
- Ne perdez plus votre *ibidule*
- Paramétrez le service de localisation

Prenez vos repères

C'est un classique : la première question, face à une carte, c'est : « où suis-je ? »
Avec Plans, cette question peut très facilement trouver sa réponse :

1 Lancez l'application **Plans**.

2 Appuyez sur l'icône en forme de cible, en haut, dans la barre d'outils de
Plans : l'application se met aussitôt à chercher votre position géographique. Celle-ci est représentée par une punaise bleue, dans un cercle de
la même couleur. Ce cercle correspond au degré d'incertitude associé à
votre position et aux moyens de géolocalisation dont dispose votre iPad,
dans l'instant. Au bout de quelques secondes, ce cercle diminue généralement de diamètre.

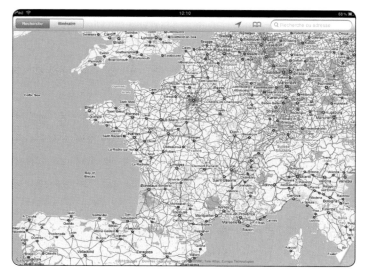

Une fois que « le point est fait », pensez aux bons réflexes d'iOS : agrandissez,
réduisez, pointez du bout du doigt.

Toutes les applications qui ont recours aux services de géolocalisation d'iOS vous demandent la permission de les utiliser lors de leur premier lancement. Attention, certaines applications en ont impérativement besoin pour fonctionner bien qu'elles n'aient pas l'air, à priori, de les utiliser. Il en va ainsi des applications de gestion de contenus multimédias comme iMovie qui utilisent les fonctions de géolocalisation pour accéder à certaines données associées aux contenus qu'elles doivent traiter.

Personnalisez la cartographie

Par défaut, Plans vous propose une carte qui n'a rien à envier aux traditionnelles cartes routières papier. Mais il peut faire plus, bien plus :

1 Appuyez sur le coin inférieur droit de l'écran pour afficher les options de Plans.

2 Selon le mode d'affichage désiré, sélectionnez **Classique**, **Satellite**, **Mixte** (imagerie satellite associée au tracé des axes routiers en surimpression), ou **Terrain** (représentation des élévations ; le niveau « d'agrandissement » disponible est là plus limité qu'en affichage **Classique**).

3 Si vous souhaitez disposer, en plus et en surimpression de la carte, des informations relatives à l'état du trafic, activez l'interrupteur **Circulation**.

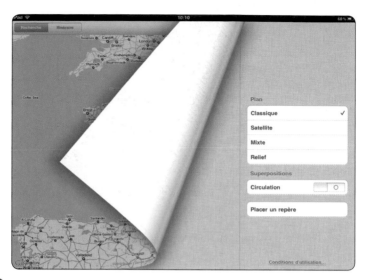

4 Lorsque vous avez fini, revenez à la carte en appuyant sur la partie gauche de l'écran (sur le repli de feuille virtuel). Après quelques instants de chargement des données correspondant aux options sélectionnées, savourez le résultat.

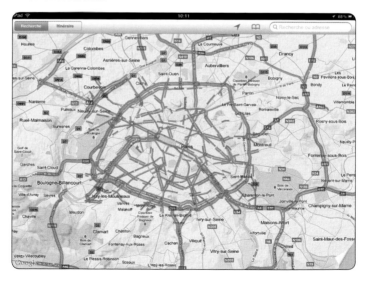

Si Plans n'arrive pas à vous localiser, vérifiez que le service de localisation géographique est bien actif dans l'application **Réglages** → **Général** → **Service de localisation**. Remarquez que c'est également là que vous pouvez autoriser ou interdire à certaines applications tierces, individuellement, d'accéder aux données de géolocalisation.

Suivez le guide

Savoir où vous vous trouvez est utile, voire indispensable… surtout lorsque vous voulez savoir comment vous rendre à un autre endroit. Et ça, Plans peut aussi vous l'indiquer.

1 Lancez l'application **Plans** puis appuyez sur le champ de recherche, à l'extrémité droite de la barre d'outils de l'application, sur l'iPad.

2 À l'aide du clavier, tapez le sujet de votre recherche : une adresse précise, un nom de commerce, un service… Plans, qui s'adosse à Google Maps, saura vous trouver tout cela, depuis la pizzeria la plus proche jusqu'au parking public, en passant par la station de métro.

3 À mesure que vous tapez, Plans peut vous proposer des suggestions. Si l'une d'elle correspond à votre recherche, sélectionnez-la. Sinon, finissez votre saisie et appuyez sur **Rechercher**.

4 Les résultats apparaissent aussitôt, sous la forme d'épingles à tête rouge. Appuyez sur l'une d'entre elles pour afficher le nom du lieu correspondant dans une petite bulle. Deux options s'offrent alors à vous :

Appuyez sur le petit personnage pour afficher les photos de la rue correspondante et engager une visite virtuelle des lieux. Une fois que vous avez fini, appuyez sur la carte, en bas à droite, pour revenir à la cartographie.

Oui, vous pouvez vous promener virtuellement dans les rues de Paris et d'autres villes de la planète avec Plans, sur votre iPad. Du bout du doigt, faites pivoter l'angle de vue verticalement et horizontalement ; « double-cliquez » sur la flèche qui représente l'axe routier pour *avancer* dans la rue…

Appuyez sur le **i** pour accéder aux informations détaillées du lieu. C'est à partir de là que vous pouvez demander à Plans de vous indiquer le chemin en sélectionnant **Itinéraire vers ce lieu**.

5 Une fois Plans passé en mode Itinéraire, vous pouvez choisir entre itinéraire automobile, piéton ou *via* les transports en commun, le tout grâce aux icônes de la barre bleue apparue en bas de l'écran. Plans recalcule l'itinéraire immédiatement à chaque changement du mode de déplacement. Appuyez sur **Démarrer** pour commencer le guidage.

Plans ne vous guidera pas comme le ferait un GPS. L'application vous indique le chemin à suivre, vous fournit une liste des intersections… mais, pour le reste, le cerveau, c'est vous.

6 Enfin, pour quitter le mode Itinéraire, appuyez sur **Recherche** à l'extrémité gauche de la barre d'outils de Plans.

Lorsqu'il est en mode Itinéraire, Plans permet de modifier votre point de départ et votre destination *via* les deux cases situées en haut à droite de sa fenêtre. Pour le point de départ, pensez à utiliser le mot clé « Lieu actuel » si vous souhaitez simplement actualiser un trajet dont vous auriez dévié. Enfin, pour obtenir rapidement un itinéraire retour, pensez à utiliser le bouton situé entre les cases qui indiquent le lieu de départ et le lieu d'arrivée.

Cherchez plus vite

Bien sûr, vous pouvez saisir les informations relatives au lieu que vous recherchez manuellement, à l'aide du clavier, inlassablement, à chaque recherche. Mais il y a mieux. Pour rechercher un lieu parmi vos contacts, parmi des repères placés précédemment (voir section suivante) ou parmi des lieux déjà recherchés, procédez comme suit :

1 Appuyez sur l'icône en forme de livre ouvert dans la barre d'outils de Plans.

Appuyez au choix sur :

● **Contacts** pour afficher la liste des contacts de votre carnet d'adresses ;

- **Historique** pour retrouver des lieux ayant déjà fait l'objet d'une recherche ;

- **Signets** pour chercher parmi les repères que vous aurez précédemment placés sur la carte (voir section suivante).

2 Dans la liste, sélectionnez l'élément voulu : la recherche se lance immédiatement ; le résultat est marqué, sur la carte, d'une épingle à tête rouge. Et vous retrouvez ainsi la possibilité de demander un itinéraire.

Demandez-en plus à Plans

Vous l'avez constaté : Plans sait vous emmener là où vous le voulez, du moment que vous avez un nom ou une adresse à lui fournir. Mais si vous n'avez rien de tout cela ? Eh bien Plans vous permet de placer un repère sur la carte. Il sera enregistré comme peut l'être un signet, sur le Web. De là, vous pourrez demander un itinéraire.

1 Pour ajouter un repère à la cartographique, commencez par vous assurer que le lieu correspondant est bien affiché à l'écran.

2 Cela fait, appuyez sur le coin inférieur droit de l'écran puis sur **Placer un repère**.

3 Touchez et maintenez le repère pour le déplacer, du bout du doigt, sur la carte, jusqu'à le relâcher à l'endroit voulu.

4 Appuyez sur le petit **i** puis sélectionnez **Ajouter aux signets**.

5 Nommez votre nouveau signet puis appuyez sur **Enregistrer**.

Désormais, vous pourrez retrouver cet endroit en appuyant sur l'icône en forme de livre ouvert dans la barre d'outils de Plans, puis en sélectionnant **Signets**.

Pourquoi utiliser cette fonction ? Eh bien, par exemple, pour enregistrer l'endroit où vous avez garé votre voiture et la retrouver plus facilement.

Ne perdez plus votre iPad

Apple propose gratuitement aux possesseurs d'iPad de profiter d'un service de localisation en temps réel de leur appareil, *via* son bouquet de services en ligne MobileMe. Mais à quoi peut bien servir un service de localisation en temps réel pour un appareil que l'on est censé avoir sur soi en permanence, ou presque, pourriez-vous être tenté de penser. Eh bien… à le retrouver lorsqu'on l'a égaré ou qu'on se l'est fait voler. Des témoignages d'aventures plus ou moins rocambolesques ont déjà fait le tour d'Internet, comme le cas d'un homme qui a aidé la police nationale à retrouver le voleur de son iPhone alors que celui-ci s'apprêtait à prendre un train de banlieue à la gare du Nord, à Paris.

Pour activer ce service, c'est très simple : ouvrez l'application **Réglages** → **Mail, Contacts, Calendrier** → **Ajouter un compte** → **MobileMe**. Là, inscrivez-vous en indiquant l'identifiant associé à votre compte iTunes. Voilà, votre *ibidule* est « enregistré » sur le service.

Désormais, vous pouvez le suivre presque en temps réel sur Internet (`http://me.com/find/`), en vous identifiant avec votre compte iTunes, ou bien *via* l'application *ad hoc* pour iPhone, iPad et iPod Touch, proposée gratuitement sur l'App Store.

À partir de l'application, vous pouvez même provoquer l'affichage d'un message sur l'écran de l'appareil, le faire sonner, le verrouiller à distance ou – plus radical – l'effacer complètement à distance.

Un seul bémol : votre appareil doit pouvoir accéder à Internet pour que tout cela fonctionne. Mais si c'est le cas et que la position soit établie, elle s'affiche sur fond de cartographie Google Maps. Et n'en profitez pas pour espionner vos proches !

Paramétrez le service de localisation

Vous le remarquerez rapidement : les applications qui utilisent les fonctions de géolocalisation d'iOS doivent à leur premier lancement demander votre autorisation. Une précaution qui vise à assurer la protection de votre vie privée. Mais pas que cela. De fait, l'activation de la puce GPS, sur iPad 3G, n'est pas sans conséquence sur l'autonomie de l'appareil. Du coup, savoir gérer finement son utilisation ne manque pas d'intérêt.

> Avez-vous remarqué cette flèche dans la barre d'état ? Là, à droite, à côté de l'icône qui indiquet le niveau de charge de la batterie. Elle montre que les fonctions de géolocalisation d'iOS sont en cours d'utilisation par une application. Au premier plan, ou même en tâche de fond.

iPad 🔋   10:12   ◀ 68% 🔋

Activez/désactivez les fonctions de localisation

Si, pour renforcer l'autonomie de votre iPad, vous voulez tout simplement interdire à toute application d'utiliser les fonctions de localisation, désactivez le service de localisation dans l'application **Réglages** → **Général** → **Service de localisation**.

Mais vous pouvez procéder plus finement : application par application. De fait, sous l'interrupteur du service de localisation, vous trouvez la liste des applications installées sur votre iPad qui ont recours à ce service. Et, pour chacune d'entre elles, un interrupteur, qui vous permet d'autoriser ou d'interdire le recours à ce service.

Chapitre 6

Profitez de vos applications

Une fois sorti de son carton, votre iPad n'intègre qu'une poignée d'applications. Certes, vous pouvez déjà faire beaucoup de choses avec elles, mais il serait dommage de vous priver de tout ce qu'offrent les autres. Toutes les autres, des dizaines de milliers d'applications proposées sur App Store d'Apple, gratuitement ou moyennant finances, mais à coup sûr variées et, pour certaines, tout bonnement incontournables.

Dans ce chapitre

- Faites votre marché dans l'App Store
- Faites le tri avec iTunes
- Organisez vos applications
- Gérez les données de vos applications

Faites votre marché dans l'App Store

L'App Store, c'est une boutique virtuelle qui distribue les applications pour l'iPad, l'iPhone et l'iPod Touch. Elle est accessible dans l'iTunes Store, la plate-forme de distribution de contenus numériques d'Apple, *via* le logiciel iTunes, sur Mac ou PC, ou directement sur votre iPad, *via* l'application App Store. C'est sur cette application que nous allons nous concentrer ici.

Choisissez, installez

Parcourir l'App Store n'est pas sorcier. Et, vous allez le voir, choisir une application, l'installer puis commencer à en profiter se fait en l'espace de quelques clics :

> Pour profiter de l'App Store, vous avez besoin d'un compte iTunes. Ce que vous avez déjà puisque vous avez activé votre iPad… Mais ce compte iTunes doit être déclaré dans l'application **Réglages → Store** de votre iPad, iPhone ou iPod Touch. Rassurez-vous : par défaut, c'est le cas à l'issue de la première synchronisation. Pourquoi vous préciser cela ? Pour vous indiquer où, dans les paramètres de l'iPad, intervenir pour, le cas échéant, déclarer un autre compte iTunes que celui que vous utilisez sur votre PC ou votre Mac. On ne sait jamais, ça peut servir.

1 Lancez l'application App Store. Vous voici arrivé dans la boutique en ligne d'Apple. Promenez-vous du bout du doigt : par exemple, vous pouvez faire défiler les captures présentées en carrousel dans la section **À la une**. Bref, ne vous gênez pas : explorez, explorez, explorez. Les sections **Classement** et **Catégories** vous seront particulièrement utiles : la première vous permet de découvrir les applications les plus populaires ; la seconde vous donne accès à l'ensemble de la boutique, catégorie d'usage par catégorie d'usage – actualités, livres, finance, productivité, jeux, enseignement, *etc.*

2 Bien sûr, plutôt que fureter dans l'App Store, vous pouvez également chercher directement une application, *via* le champ prévu à cet effet, en haut à droite, dans la barre d'outils de l'application App Store : des suggestions accompagneront votre saisie.

3 Lorsque vous sélectionnez une application, vous accédez à sa fiche descriptive complète : vous trouverez là la liste de ses fonctions, des captures d'écrans et des commentaires d'utilisateurs. Si vous êtes décidé à installer l'application en question, appuyez simplement sur son prix (ou sur le bouton **Gratuit**) puis sur **Installer l'App**. Votre iPad vous demande alors d'indiquer le mot de passe de votre compte iTunes : une vérification afin d'éviter les actes d'achat intempestifs. Mais si vous procédez à plusieurs achats à la suite dans un court intervalle de temps, vous n'aurez pas à indiquer de nouveau votre mot de passe.

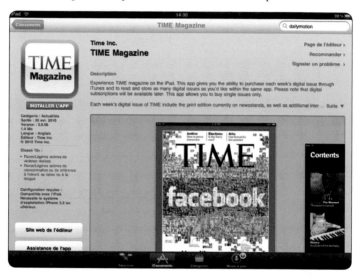

4 Le téléchargement et l'installation commencent aussitôt. Au bout de quelques instants, vous pouvez commencer à profiter de votre nouvelle application.

L'iPad peut utiliser les applications conçues pour iPhone et iPod Touch – mais l'inverse n'est pas vrai. Clairement, vous aurez très vite envie d'éviter cela à tout prix : les applications iPod Touch/iPhone sont, soit affichées en tout petit au milieu de l'écran de l'iPad, soit agrandies comme par effet de loupe pour occuper tout l'espace de l'écran. Et le rendu est alors très peu agréable à l'œil… Notez néanmoins que, sans même le savoir, si vous possédez un iPhone ou un iPod Touch, vous disposez peut-être déjà d'applications optimisées pour l'iPad. En effet, certains développeurs ont fait le choix de ne diffuser qu'une seule version de leurs applications. Une version « universelle », optimisée pour tous les appareils nomades d'Apple qui fonctionnent avec iOS. Dans l'App Store, ces applications sont identifiées par un petit + à côté de leur prix.

Vous possédez plusieurs appareils iOS ? Pas de souci : vous pouvez utiliser les applications acquises sur l'App Store sur plusieurs iPhone, iPad et iPod Touch, sans le moindre problème. Mieux : vous pouvez même partager ces applications avec vos proches – comme la musique et les vidéos achetées sur l'iTunes Store. Vous pouvez même automatiser le partage en profitant de la fonction **Partage domestique** d'iTunes : activez-la sur chacun des Mac et PC de votre foyer et demandez à ce que chaque machine télécharge automatiquement les nouveaux achats des autres. Seul bémol, cela ne fonctionne pas pour les mises à jour téléchargées.

Surveillez les mises à jour

Vos applications ont une vie propre ! Autre que celle à travers laquelle vous les accompagnez en les utilisant. De fait, leurs auteurs s'attachent à les mettre régulièrement à jour pour corriger de petits dysfonctionnements, ajouter de nouvelles fonctions ou encore supporter de nouveaux appareils Apple. Et, globalement, vous avez intérêt à appliquer ces mises à jour, d'autant plus quand elles sont gratuites.

Lorsque des mises à jour sont disponibles, l'application App Store vous l'indique : son icône s'habille d'un badge rouge avec un chiffre qui affiche le nombre de mises à jour prêtes à télécharger.

1 Lancez l'application App Store.

2 Appuyez sur le bouton **Mises à jour**.

3 Pour appliquer immédiatement toutes les mises à jour disponibles, appuyez sur le bouton **Tout mettre à jour**, en haut à droite. Sinon, installez manuellement, une par une, chacune des mises à jour en appuyant sur le bouton qui montre le prix de la mise à jour : **Gratuit**, le plus souvent.

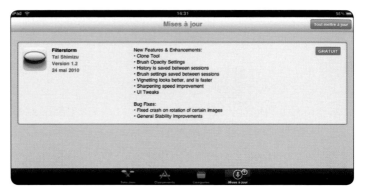

4 L'iPad va alors vous demander le mot de passe de votre compte iTunes, puis lancer le téléchargement. Une fois celui-ci terminé, vous pourrez recommencer à profiter de vos applications.

Gérez vos applications avec iTunes

À lire les pages précédentes, vous pourriez être tenté de vous dire : « À quoi bon m'ennuyer à synchroniser mon iPad avec mon PC (ou mon Mac) ? » Tout d'abord, et ne l'oubliez pas, cette opération joue un rôle important : gestion de la configuration de vos comptes de messagerie, de vos contacts, de vos agendas, de vos signets, de vos vidéos, photos ou encore musiques… et bien plus encore comme vous le verrez un peu plus loin.

Mais si, pour l'essentiel, vous pouvez gérer les applications de votre iPad directement depuis celui-ci, vous pouvez également le faire avec iTunes, sur votre Mac ou votre PC. Et cela ne manque pas d'intérêt. Pour la simple et bonne raison qu'iTunes entretient une bibliothèque de toutes les applications que vous avez téléchargées et/ou installées. Stockant jusqu'à celles que vous avez pu supprimer de votre appareil iOS (ou de l'un d'entre eux, si vous en utilisez plusieurs) et, ainsi, vous permettant de les y réinstaller rapidement. En outre, bien sûr, vous pouvez parcourir l'App Store directement au sein d'iTunes et, plus précisément, de l'iTunes Store. Et peut-être trouverez-vous cela plus confortable.

Outre cet aspect shopping – qui reprend, sur votre Mac ou votre PC, les mêmes canons d'ergonomie que sur votre iPad –, la gestion des applications de votre appareil se fait, lorsqu'il est branché sur votre ordinateur personnel, dans l'onglet **Applications** :

1 Sur votre ordinateur, lancez iTunes puis branchez votre appareil *via* le câble USB fourni.

2 Dans la colonne de gauche, sélectionnez votre iPad puis activez l'onglet **Applications**.

iTunes vous propose alors un affichage en deux parties : à gauche se trouve une liste des applications présentes sur le disque dur de votre ordinateur et susceptibles de fonctionner sur votre appareil ; à droite sont représentés les écrans d'accueil de votre iPad.

Pour ajouter une application, c'est très simple :

1 Cochez la case correspondante dans la liste des applications : l'icône est aussitôt ajoutée à la représentation de l'écran d'accueil.

2 À l'aide de la souris, glissez-déposez là où vous le souhaitez l'icône de la nouvelle application (ou d'autres, si vous voulez réorganiser les écrans d'accueil de votre appareil).

3 Cliquez sur le bouton **Appliquer** : les modifications sont automatiquement transférées à votre iPad – ce qui peut prendre quelques minutes si les applications concernées sont volumineuses.

Gérez votre bibliothèque d'applications

Méfiez-vous de vous-même : avec le temps, vous allez essayer ou acheter un nombre d'applications iOS potentiellement conséquent. Des applications qui vont prendre de la place sur le disque dur de votre ordinateur personnel. Peut-être voudrez-vous, de temps à autre, faire un peu de ménage.

Ça se passe à la rubrique **Applications** dans la colonne de gauche de la fenêtre d'iTunes – et il n'est pas nécessaire que votre iPad soit connecté à votre Mac ou votre PC pour que vous interveniez ici.

Là, les applications sont classées selon trois catégories : applications pour iPad, applications iPhone et iPod Touch, et enfin applications optimisées pour les trois appareils.

Pour supprimer une application, c'est très simple :

1 Sélectionnez l'application voulue.

2 Déroulez le menu **Edition** → **Supprimer** (ou faites un clic droit et sélectionnez **Supprimer**).

3 Validez en cliquant sur le bouton **Placer dans la Corbeille**.

Voilà : l'application sera effacée lorsque vous viderez la Corbeille. Notez qu'elle sera également supprimée de tout iPad, iPhone ou iPod Touch synchronisé avec votre Mac ou PC, à l'occasion de la synchronisation suivante.

Surveillez (encore) les mises à jour

Comme vous l'avez vu dans les pages précédentes, vos applications ont une vie propre. Et vous avez tout intérêt à utiliser au maximum leurs dernières versions. Vous pouvez surveiller la mise à disposition de nouvelles versions directement dans l'application App Store, sur votre iPad, mais également dans iTunes, sur votre Mac ou votre PC.

Pour cela, rien de bien sorcier :

1 Lancez iTunes.

2 Sélectionnez l'élément **Applications**, à la rubrique **Bibliothèque** de la barre latérale.

3 En bas à droite de la fenêtre, cliquez sur **Rechercher les mises à jour**.

Si aucune mise à jour n'est disponible pour vos applications, iTunes vous le dira. Sinon, il vous présentera une liste des applications mises à jour et vous pourrez les télécharger. La plupart des mises à jour sont gratuites – et vous pouvez les obtenir en cliquant sur le bouton **Télécharger toutes les mises à jour gratuites**. Mais certaines pourraient être payantes. Du coup, les mises à jour vous sont présentées une par une avec, à côté de l'icône de chaque application concernée, un bouton mentionnant **Gratuit** ou le prix de la mise à jour.

Organisez vos applications

À mesure que vous ajouterez des applications à votre iPad, son écran d'accueil va se remplir… Jusqu'à ressembler à une chambre d'enfant un peu turbulent. Pour éviter cela, faites un peu de rangement (dans votre écran d'accueil, s'entend).

Mettez de l'ordre dans l'écran d'accueil

La réorganisation de l'écran d'accueil – et même de plusieurs écrans d'accueil – est très simple :

1 Appuyez longuement sur l'application à déplacer jusqu'à ce que toutes les icônes de l'écran d'accueil « vibrent ». Certaines s'orneront au passage d'un badge noir avec une croix blanche.

- Maintenez votre doigt sur une icône pour la déplacer sur l'écran d'accueil, et même d'un écran d'accueil à un autre, en « poussant » vers les extrémités droite ou gauche de l'écran.

- Appuyez sur le badge noir pour supprimer une application puis confirmez en appuyant sur le bouton **Supprimer**.

2 Lorsque vous avez fini, appuyez sur le bouton principal pour mettre un terme à cette agitation des icônes.

Vous pouvez également réorganiser complètement le *Dock*, cette partie inférieure de l'écran d'accueil qui ne change pas lorsque vous passez d'un écran d'accueil à un autre. Et y placer les icônes de vos applications favorites, à concurrence de six applications, en remplacement de celles disposées là initialement par Apple.

... avec des dossiers

Avec iOS, vous n'êtes pas obligé de laisser traîner vos applications sur vos différents écrans d'accueil (voire d'en utiliser un par type d'application…) : vous pouvez regrouper vos applications dans des dossiers. Difficile à deviner si on l'ignore, mais très simple à mettre en œuvre :

1 Appuyez longuement sur l'application à déplacer jusqu'à ce que toutes les icônes de l'écran d'accueil « vibrent ».

2 Maintenez votre doigt sur une icône pour la déplacer… sur une autre icône.

3 Relâchez. Automatiquement, iOS crée un dossier qui regroupe les deux applications. À vous de le nommer selon votre goût. Mais iOS formule une première suggestion fondée sur les catégories auxquelles appartiennent les applications, dans leur classement sur l'App Store.

Lorsque vous avez fini, vous pouvez appuyer n'importe où sur l'écran, hors du dossier, pour revenir à l'écran d'accueil. Vous pouvez alors continuer à organiser celui-ci ou bien appuyer sur le bouton principal pour mettre un terme à l'opération.

Bien sûr, vous pouvez à tout moment ajouter des applications à un dossier ou en extraire. Les dossiers sont automatiquement supprimés par iOS lorsqu'ils ne contiennent plus une seule application.

Vous vous souvenez du Dock évoqué précédemment ? Il n'accueille pas que les applications : vous pouvez également y placer des dossiers où vous logerez, précisément, des applications auxquelles vous avez souvent recours.

Mettez de la vie dans le nom de vos dossiers

À l'origine, iOS vous permet de saisir, au clavier, le nom des dossiers des écrans d'accueil. Mais vous pouvez pousser plus loin la personnalisation, notamment en profitant des fonctions de copier-coller d'iOS, avec l'application Glyphboard (gratuite).

1 Lancez l'application Glyphboard.

2 Appuyez et maintenez votre doigt sur le dessin que vous voulez utiliser pour égayer un peu le titre d'un dossier, jusqu'à ce qu'il soit « sélectionné ».

3 Appuyez sur **Copier**.

4 De là, revenez à l'écran d'accueil en appuyant sur le bouton principal puis lancez le processus de réorganisation de l'écran d'accueil.

5 Ouvrez le dossier à personnaliser puis appuyez dans le champ de son titre : lorsque vous le souhaitez, invoquez le presse-papiers et appuyez sur le bouton **Coller** pour injecter votre pictogramme. Et voilà !

Mais il y a mieux. Un peu plus compliqué, mais encore plus sympathique : vous pouvez utiliser des émoticons en couleurs. La première étape consiste à télécharger l'application gratuite Emoji Free.

1 Lancez l'application Emoji Free et appuyez sur le bouton **D'accord**.

2 Lancez l'application **Réglages** → **Général** → **Clavier** → **Claviers internationaux** → **Ajouter un clavier** → **Icônes Emoji**.

3 Relancez l'application Emoji Free et sélectionnez le champ de saisie.

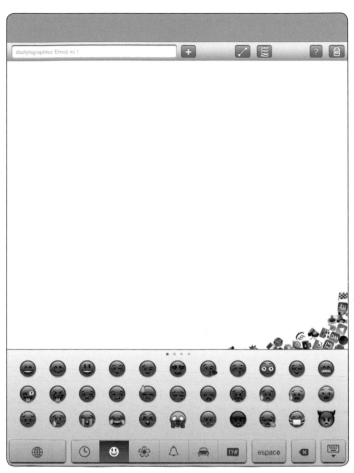

4 Appuyez sur le bouton illustré d'un globe, en bas de l'écran, pour accéder au « clavier » virtuel Emoji.

5 Voilà : vous avez accès à de nombreuses icônes en couleurs. À vous de copier-coller celles que vous voulez utiliser pour les noms de vos dossiers.

Le copier-coller est encore une fois obligatoire ici : iOS ne permet pas d'accéder aux claviers internationaux lors de la saisie d'un nom de dossier. Mais le résultat est plutôt sympathique, n'est-ce pas ?

Gérez les données de vos applications

De nombreuses applications pour iPad peuvent exploiter des fichiers : Goo-dReader, par exemple, sait afficher les fichiers PDF. Il en va de même de Clou-dReaders qui, en outre, supporte directement les archives Zip, Rar, Cbr et Cbz. Pages, Keynote et Numbers se nourrissent des fichiers de la suite bureautique d'Apple, iWorks, et même des documents de la suite bureautique Office de Microsoft.

Mais comment, justement, fournir à ces applications la nourriture qu'elles attendent ? Selon l'application, les moyens diffèrent. Et c'est précisément cela que nous allons aborder ici.

Transférez des fichiers avec iTunes

Votre première option – et c'est probablement la plus simple et la plus rapide à mettre en œuvre – consiste à utiliser… iTunes. Tout en bas de l'onglet **Applications** se cache la section **Partage de fichiers**. C'est grâce à elle que vous ferez passer des fichiers de données de votre ordinateur à votre iPad et inversement. Et c'est très simple.

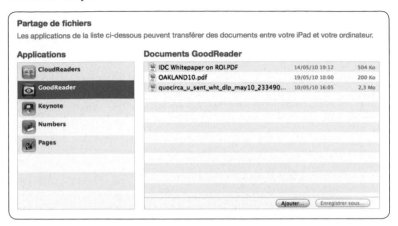

Pour fournir un nouveau fichier à une application :

1 Sélectionnez l'application voulue dans la colonne de gauche.

2 Glissez-déposez le fichier choisi dans le cadre de droite, ou utilisez le bouton **Ajouter** pour parcourir le disque dur de votre ordinateur et sélectionner ainsi le fichier à transférer.

3 C'est déjà fini ! Le transfert se lance immédiatement et ne prend que quelques secondes.

Dans l'autre sens, pour faire passer un fichier de votre iPad à votre ordinateur, ce n'est guère plus compliqué :

1 Sélectionnez l'application voulue dans la colonne de gauche.

2 Sélectionnez le fichier souhaité dans le cadre de droite, puis cliquez sur le bouton **Enregistrer sous...**

3 Indiquez le nom et l'emplacement puis validez : c'est fini ; le transfert a eu lieu !

Vous avez donc pu le constater vous-même, c'est très simple. Mais ce n'est pas, l'unique solution.

Réalisez des transferts directs

Certaines applications, à l'instar de CloudReaders, intègrent un composant logiciel qui permet un transfert direct des fichiers, sans passer par iTunes. En l'occurrence, avec cette application, il s'agit d'un petit serveur Web. Vous avez bien compris : pour envoyer des fichiers à CloudReaders, il vous suffit de connecter votre iPad et votre ordinateur, au même réseau Wi-Fi puis, *via* un navigateur Web, de lancer le transfert. Simple et efficace. Voici comment faire :

1 Lancez CloudReaders sur votre iPad, par exemple, puis cliquez sur le bouton en bas à droite de l'écran : il rappelle l'indicateur de niveau de réception Wi-Fi qui figure en haut de l'écran.

2 Sur votre Mac ou votre PC, ouvrez un navigateur Web et dirigez-le vers l'adresse indiquée par CloudReaders.

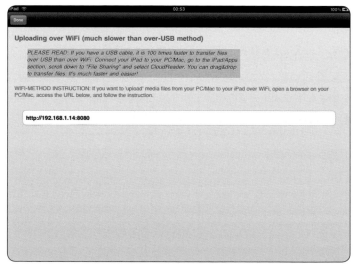

3 Là, suivez les indications : sélectionnez le fichier à transférer puis validez ; la copie ne prend que quelques instants.

4 Lorsque vous avez fini, cliquez sur le bouton **Done**.

Bien sûr, ceci n'est qu'un exemple : le processus peut légèrement varier d'une application à l'autre. Mais, sur le fond, le concept reste le même.

Profitez du stockage sur Internet

Il vous reste une dernière option : faire appel à ce que certains appellent « le nuage », autrement dit Internet. L'idée est simple : au lieu de transférer directement vos fichiers entre votre ordinateur et votre appareil iPad (et vice versa), passez par un tiers, sur Internet. Ce peut être l'iDisk du service MobileMe, un serveur de messagerie électronique, Google Docs, Dropbox, box.net, ou même encore un serveur FTP ou WebDAV. Bref, les possibilités ne manquent pas.

Dans l'idéal, préférez une option qui soit, en termes d'usage, aussi transparente que possible comme un espace de stockage tel qu'un iDisk ou un compte Dropbox. Pourquoi ? Parce que des logiciels sont disponibles pour votre PC ou votre Mac, afin de vous permettre d'utiliser votre espace de stockage sur Internet comme s'il s'agissait d'une clé USB ou d'un dossier sur votre disque dur : glissez-y des fichiers, le logiciel fait le reste et assure la synchronisation entre une copie locale et des duplicatas sur Internet, sans que vous ayez quoi que ce soit à faire.

Une application est particulièrement à l'aise avec cela : c'est GoodReader. Elle supporte tous les espaces de stockage décrits précédemment.

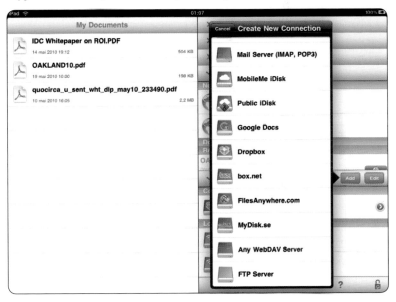

1 Pour associer GoodReader à un espace de stockage en ligne, lancez l'application puis cliquez sur le bouton **Add**.

2 Dans la liste, sélectionnez le service que vous voulez utiliser puis indiquez vos éléments d'identification – nom d'utilisateur, mot de passe, *etc.* Le service ainsi configuré est automatiquement ajouté dans le cadre **Connect to Servers**.

3 La suite est très simple : dans ce cadre, appuyez sur votre service de stockage sur Internet. Une liste apparaît, afin de naviguer parmi fichiers et dossiers de cet espace de stockage.

4 Sélectionnez un fichier : le téléchargement commence aussitôt ; le fichier voulu est copié dans la mémoire interne de votre iPad.

5 Une fois l'opération terminée, votre fichier apparaît dans la liste de la moitié gauche de l'affichage de GoodReader : appuyez dessus pour commencer la lecture, et savourez l'élégance du *cloud computing*.

Une solution comme celle-ci s'avère très pratique notamment pour embarquer dans votre iPad cette réservation, ou cette carte d'embarquement que vous auriez dû imprimer après vous être enregistré en ligne pour votre vol mais dont vous avez seulement pu produire un fichier PDF, faute d'imprimante à portée de main.

Chapitre 7

Domptez votre assistant personnel

Votre iPad intègre deux applications dédiées à l'organisation personnelle. Et ne vous y trompez pas : elles n'ont pas vocation à être exclusivement destinées aux professionnels en tout genre ; elles peuvent également vous aider dans votre vie personnelle, au quotidien. En remplaçant le bon vieux carnet téléphonique ou l'agenda familial, par exemple, le tout de manière synchronisée avec votre Mac ou votre PC. Mais d'autres données très utiles peuvent être synchronisées au passage : comptes de messagerie électronique, notes, signets Web, *etc*. Pratique, n'est-ce pas ?

Surtout, iOS multiplie les passerelles entre applications pour vous aider à gérer, au mieux, vos relations et votre agenda.

Dans ce chapitre

- Transférez vos comptes de messagerie, vos contacts et vos agendas

- Gérez votre temps avec Calendrier

- … et vos contacts avec Contacts ou Téléphone

Transférez vos comptes de messagerie, vos contacts et vos agendas

Lorsque votre iPad est connecté à votre Mac ou votre PC, iTunes vous permet d'accéder à toutes sortes d'informations le concernant – mémoire occupée et disponible, morceaux de musique synchronisés, *etc.* Avez-vous prêté attention à l'onglet **Infos** ? Derrière lui se cachent les options de synchronisation pour les données des applications Contacts, Calendrier, Notes, Mail, et même pour les signets de Safari.

De fait, iTunes vous permet de maintenir la cohérence totale de ces données personnelles entre votre appareil mobile iOS et votre ordinateur personnel – voire plusieurs d'entre eux ! Sur PC, iTunes supporte les données du carnet d'adresses de Windows ainsi que celles de Microsoft Outlook et d'Outlook Express, et les signets de Safari et d'Internet Explorer. Sur Mac, les applications d'organisation personnelle livrées avec Mac OS X sont pleinement supportées – Mail, Carnet d'adresses, iCal.

Restez synchrone !

Assurer la synchronisation des données d'organisation personnelle entre votre iPad et votre ordinateur, avec iTunes, est très simple :

1 Lancez iTunes, sur votre ordinateur personnel – s'il ne l'a pas fait automatiquement à la connexion de votre iPad, avec le câble USB. Cliquez sur votre appareil iOS, à la rubrique **Appareils** de la barre latérale d'iTunes. Puis activez l'onglet **Infos**.

L'onglet **Infos** de la rubrique d'iTunes consacrée à votre iPad commence par une référence au service MobileMe d'Apple et, en particulier à sa capacité à assurer la synchronisation des données d'organisation personnelle de votre iPad « en mode OTA ». Ces trois lettres signifient *Over-The-Air* ou… sans fil, en français. En clair, MobileMe permet d'assurer cette synchronisation sans passer par iTunes. Ce n'est pas l'unique service à le permettre comme vous le découvrirez au chapitre 8.

2 Pour synchroniser les contacts de votre carnet d'adresses, cochez la case *ad hoc*. Cliquez sur le bouton **Appliquer**. Voilà : la synchronisation de vos contacts est assurée. Vous pouvez affiner les réglages à l'aide des options proposées et, ainsi, limiter la synchronisation à un groupe de contacts, ou encore demander une synchronisation étendue à votre éventuelle liste de contacts Yahoo! ou Google.

Si vous avez déjà commencé à utiliser Contacts ou Calendrier sur votre iPad, les informations que vous y avez saisies sont automatiquement transférées sur votre PC ou sur votre Mac. Au risque de provoquer la création d'informations redondantes. Pour l'éviter, descendez tout en bas de l'onglet **Infos** et cochez, à la section **Avancé**, les cases relatives aux données de votre iPad que vous êtes sûr de vouloir *écraser* avec celles stockées sur votre PC ou sur votre Mac.

3 L'étape suivante concerne vos agendas : cochez la case **Synchroniser les calendriers iCal**. Puis cliquez sur **Appliquer**. Là encore, la synchronisation commence aussitôt. Le cas échéant, activez l'option **Calendriers sélectionnés** afin de pouvoir cocher manuellement le(s) calendrier(s) à synchroniser avec votre iPad.

4 Cochez la case **Synchroniser les comptes Mail** pour activer la synchronisation de vos comptes de messagerie électronique. Puis cochez la case correspondant à chaque compte que vous souhaitez consulter sur votre terminal à écran tactile. Cette option est très pratique : elle vous épargne de devoir saisir manuellement les paramètres d'accès à vos comptes de messagerie ; un gain de temps certain.

5 Dernière étape : les signets de votre navigateur Web et les notes. Cochez les cases correspondant aux éléments à synchroniser. Ne prenez pas ça à la légère : si vous voulez profiter rapidement de Safari (voir chapitre 4), sur votre iPad, vous avez tout intérêt à leur faire ingérer les signets du navigateur Web de votre ordinateur personnel… De même, vous apprécierez probablement de retrouver, sur votre Mac ou votre PC, les notes tapées en déplacement.

Tout effacer

Un jour viendra peut-être où vous souhaiterez effacer toutes les données personnelles que vous avez confiées à votre iPad – afin de le revendre d'occasion pour acheter un modèle plus récent, par exemple. Non seulement c'est possible mais, en plus, c'est très rapide :

1 Ouvrez l'application **Réglages** → **Général**.

2 Sélectionnez **Réinitialiser**.

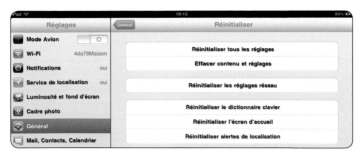

3 Plusieurs options s'offrent ici à vous, toutes plutôt explicites. Retenez seulement la plus importante : **Effacer contenu et réglages**. Celle-ci est la seule qui vous permette, en quelques instants, de supprimer vos données personnelles et vos mots de passe de la mémoire de votre iPad. Mais elle est radicale : les applications ajoutées par vos soins sont également supprimées. En clair, il s'agit là de donner à votre iPad une nouvelle virginité. Pratique dans certains cas, mais un peu radical.

> Vous venez de « virginiser » votre *ibidule* par erreur ? Rassurez-vous, ce n'est pas bien grave : reconnectez-le à votre ordinateur et lancez iTunes. Une fois l'activation terminée, iTunes vous demandera si vous souhaitez configurer un nouvel appareil ou restaurer les données de la dernière sauvegarde. Optez pour cette dernière option pour retrouver rapidement votre iPad avec toutes vos données.

Gérez votre temps avec Calendrier

L'application Calendrier n'est autre qu'un agenda électronique. Voire un peu plus : elle vous permet de gérer un ou plusieurs agendas, en synchronisation avec votre Mac ou votre PC, mais également avec des systèmes d'organisation d'entreprise tels que Zimbra, Kerio Connect, Google Apps ou encore Microsoft Exchange. Bref, Calendrier est un outil complet, tant d'organisation personnelle que professionnelle. Commencez à l'utiliser et il vous apparaîtra rapidement comme indispensable.

Adaptez l'affichage de Calendrier sur votre iPad

Commençons par le début : comment consulter votre agenda, maintenant que vous savez en synchroniser les données ? C'est très simple et plutôt agréable, et tout particulièrement sur l'iPad – sinon que le lundi marque toujours le début d'une nouvelle semaine.

1 Lancez l'application Calendrier. En orientation portrait comme paysage, elle vous propose de consulter votre planning sur une journée, une semaine, un mois complet, ou sous la forme d'une liste. Vous passez d'une présentation à l'autre à l'aide des quatre boutons situés au milieu de la barre d'outils, en haut de l'écran. Faites-vous plaisir : essayez-les.

2 En bas de l'écran, utilisez la liste horizontale pour passer d'une période à l'autre. Le bouton **Aujourd'hui** ramène l'affichage à... aujourd'hui (ou à la semaine, ou au mois correspondant). Vous pouvez ainsi fureter à loisir dans votre planning et toujours revenir rapidement à la journée entamée.

3 Remarquez que les éléments affichés sont mis en valeur avec des couleurs différentes : comme Calendrier gère simultanément plusieurs agendas, chaque couleur correspond à un agenda différent. Vous pouvez choisir les agendas à afficher *via* le bouton **Calendriers**, en haut à gauche de l'écran : dans la petite fenêtre qui apparaît, sélectionnez/désélectionnez les agendas à afficher. Les modifications sont appliquées immédiatement. Tapotez l'écran à côté de la petite fenêtre des calendriers pour la faire disparaître.

Avez-vous remarqué le champ **Rechercher** en haut à droite de l'écran ? Utilisez-le pour retrouver rapidement un rendez-vous, dans n'importe lequel des agendas gérés par Calendrier. Notez tout de même une limite : la recherche ne porte que sur les données stockées localement dans la mémoire de votre iPad ; la période concernée est réglable avec iTunes, dans le cadre de la synchronisation.

Ajoutez ou modifiez un rendez-vous

L'application Calendrier ne serait que d'une utilité très limitée si elle se bornait à vous permettre de consulter vos agendas. Heureusement, ce n'est pas le cas : voici comment ajouter un rendez-vous :

1 Appuyez le bouton +, en bas à droite de l'écran sur iPad.

2 C'est à vous de jouer : indiquez l'intitulé, le lieu, le début et la fin de l'événement dans les champs *ad hoc*. Petite précision : lorsque vous appuyez sur le champ **Commence/Se termine**, un interrupteur vous permet de préciser si l'événement que vous vous apprêtez à ajouter dure toute la journée. Avec cette option, vous pouvez noter des éléments de votre planning qui s'étalent sur une ou plusieurs journées : ces événements sont représentés sous la forme de barres horizontales en présentation **Semaine/Mois** de Calendrier.

3 Le champ **Récurrence** vous permet de définir la fréquence de répétition d'un rendez-vous.

4 Avec **Invités**, vous pouvez sélectionner des contacts de votre carnet d'adresses pour demander à Calendrier de leur adresser automatiquement, par courrier électronique, une invitation à l'événement que vous êtes en train d'enregistrer.

5 Utilisez le champ **Alarme** pour définir un aide-mémoire (alarme sonore, avec ou sans message à l'écran, *etc.*).

6 Le champ **Calendrier** vous permet de choisir l'agenda – si vous en utilisez plusieurs – auquel devra être ajouté le nouvel événement.

7 Enfin, avec le champ **Notes**, ajoutez des commentaires tels que les codes d'accès au lieu de rendez-vous ou bien l'adresse Web de votre téléconférence…

8 Lorsque vous avez fini, cliquez sur **OK** pour enregistrer votre rendez-vous.

Vous avez probablement remarqué le champ **Disponibilité** dans les options de rendez-vous. Il vous sera surtout utile si vous partagez partiellement votre agenda avec des tiers : ceux-ci pourront alors, en consultant votre agenda, être informés du fait que, à un moment précis, vous avez un rendez-vous et n'êtes pas joignable ni disponible pour une réunion. Mais ils n'auront pas forcément plus de détails sur ce qui vous occupe.

Modifier un événement déjà enregistré n'est pas plus compliqué. Jugez plutôt :

1 Appuyez sur l'événement que vous voulez modifier.

2 Appuyez sur le bouton **Modifier**.

3 Et vous revoilà avec la petite fenêtre *pop-up* vous qui vous permet d'ajuster les informations relatives à un événement. Procédez comme détaillé plus haut puis validez – avec **OK** – ou annulez les modifications, avec le bouton *ad hoc*.

Répondez aux invitations

Comme vous l'avez vu précédemment, lors de la création d'un événement, vous pouvez adresser une invitation aux personnes dont vous souhaitez la présence pour l'occasion. Mais si vous-même êtes invité à un événement, que se passe-t-il ?

Tout d'abord, vous recevez un courriel qui vous notifiecette invitation. Un courriel accompagné de pièces jointes à l'extension ICS – elles correspondent à des fichiers destinés à l'application Calendrier.

Vous pouvez répondre directement dans le message électronique. Mais vous pouvez aussi agir dans Calendrier, qui aura ajouté l'événement auquel vous êtes invité dans votre agenda. La liste des invitations attendant une réponse de votre part est là, à portée de doigt, derrière le bouton situé juste à droite du bouton **Calendriers**.

Gérez votre carnet d'adresses avec Contacts

C'est l'application Contacts qui transforme votre iPad en carnet d'adresses. Sa consultation est extrêmement simple.

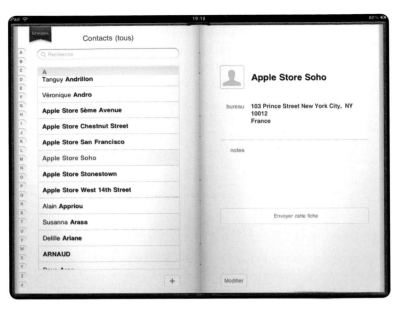

La liste de contacts apparaît sur la « page » de gauche. Les lettres de l'alphabet, sur le bord gauche de la liste, vous permettent de naviguer plus vite, selon la première lettre du nom de famille de vos contacts.

Le champ **Recherche** en haut de cette liste vous permet de chercher rapidement un contact dans la liste.

Les informations détaillées relatives à un contact sélectionné apparaissent sur la « page » de droite sur iPad : nom, prénom, fonction, entreprise, coordonnées, et même photo. Vous pouvez faire défiler la fiche d'un contact de haut en bas pour accéder à la suite des informations relatives à ce dernier et, notamment, vos notes.

Le petit marque-page rouge **Groupes** vous permet de filtrer vos contacts par groupes, pour peu que vous ayez pris la peine de les organiser de la sorte sur votre Mac ou votre PC.

Les ordres de présentation et de tri de vos contacts ne vous satis-
font pas ? Ce n'est pas un souci : ouvrez l'application **Réglages** →
Mail, Contacts, Calendrier et faites défiler le panneau de réglages vers
le bas jusqu'à la section **Contacts**. Là, adaptez les règles d'affichage et de
tri selon vos habitudes.

Ajoutez ou modifiez une fiche

Contacts n'est pas simplement un outil de consultation de votre carnet d'adresses.
Vous pouvez aussi l'utiliser pour ajouter des fiches ou en modifier. Dans les deux
cas, l'interface de saisie est la même :

1 Appuyez sur le bouton +, en bas à gauche de la liste des contacts, pour
ajouter une fiche ou pour modifier une fiche déjà sélectionnée, appuyez
sur le bouton **Modifier** en bas de la fiche sélectionnée.

iOS est équipé d'un système de reconnaissance des détails de
contacts : il sait – dans un e-mail ou une page Web, notamment
– reconnaître automatiquement les noms, prénoms, numéros de téléphone et adresses de courrier électronique. Vous pouvez appuyer
quelques secondes sur une information de contact trouvée dans un
courrier électronique ou une page Web pour créer ou modifier une fiche
contact à partir de cette information.

2 La suite est triviale : renseignez les champs vides selon les informations dont vous disposez sur votre contact ; ou corrigez les informations qui ont changé. Vous pouvez supprimer un champ d'information en appuyant sur le petit symbole « sens interdit » à sa gauche, ou en ajouter un du même type *via* le petit +. Notez que Contacts ne supporte pas plus de trois adresses de courrier électronique par fiche.

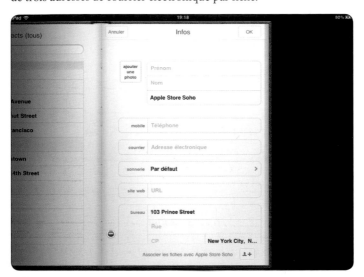

L'un de vos proches vous demande, au téléphone, les coordonnées de l'un de vos amis ? Vous pouvez éviter de les lui dicter : ouvrez la fiche correspondante dans Contacts puis appuyez sur bouton **Envoyer** : vous pouvez aussitôt composer un courrier électronique qui contiendra, en pièce jointe, la fiche sélectionnée, au format standard vCard.

3 Si vous le souhaitez, vous pouvez enrichir la fiche de votre correspondant par une illustration (représentative ou pas, cela n'engage que vous) en appuyant sur **Ajouter une photo**. Lorsqu'une photo est déjà enregistrée, vous pouvez la modifier en appuyant dessus. Ensuite, appuyez sur **Prendre une photo**, si la personne en question se trouve à vos côtés, ou sur **Choisir une photo** pour utiliser une photo déjà enregistrée dans la mémoire de votre iPad.

4 Lorsque vous avez fini, cliquez sur **OK**, en haut à droite de l'écran. Ou sur **Annuler** pour revenir à la version originale de la fiche contact. Cela fait, vous retrouvez l'interface de consultation de Contacts.

Les services Facebook et LinkedIn, notamment, vous permettent de maintenir le lien avec vos proches ou vos relations de travail, voire les deux. Certains utilisateurs de ces services vous donnent accès à une partie de leurs coordonnées : adresse e-mail, numéro de téléphone, adresse postale, *etc*. Les applications correspondantes pour iPhone et iPod Touch vous permettent de synchroniser ces informations avec celles du carnet d'adresses de votre iPad – puisque votre iPad est compatible avec ces applications. Grâce à la touche **Sync** de la liste des contacts de l'application Facebook, ou au bouton **Télécharger** de celle de l'application LinkedIn. Pratique, n'est-ce pas ?

Chapitre 8

Limitez le recours à la synchronisation

Pourquoi diantre est-il impératif de disposer d'un Mac ou d'un PC pour profiter de son iPad ? Pour stocker de manière plus durable photos, vidéos, musiques, agendas, courriels, *etc.* ? À bien y réfléchir, la réponse n'est pas si évidente, ni si tranchée. De fait, il existe de nombreuses solutions pour réduire la dépendance de l'iPad à l'ordinateur personnel et, surtout, à la synchronisation par câble USB. Ce chapitre n'a pas vocation à faire l'inventaire complet des solutions qui permettent de distendre le lien entre iPad et ordinateur personnel ; nous nous y concentrons sur quelques points clés seulement. Surtout, le recours à des intermédiaires de stockage sur Internet sera régulièrement évoqué dans les chapitres suivants, besoin par besoin.

Dans ce chapitre

- Stockez les messages, contacts et agendas sur Internet
- Pour vos signets Web, faites confiance… au Web !
- Stockez vos notes personnelles en ligne
- Allez plus loin !

Stockez les messages, contacts, et agendas sur Internet

Et si vous confiez contacts, agenda et courriers électroniques à un service en ligne ou, comme il est plus *tendance* de dire, « dans le Cloud » ? Qu'est-ce que cela signifie ?

C'est assez simple : le service sur lequel vous choisissez de vous appuyer est accessible en permanence par Internet ; c'est lui – plutôt qu'un fournisseur d'accès à Internet, par exemple – qui vous attribuera une adresse e-mail. En plus du courrier électronique, vous pourrez aussi l'utiliser pour gérer votre agenda personnel, tant sur votre iPad avec Calendrier, que sur Internet *via* un navigateur Web, ou que sur un Mac avec iCal, par exemple. Ce même service pourrait également stocker l'ensemble des informations de votre carnet d'adresses.

Photo © Apple, Inc.

L'intérêt ? Éviter de synchroniser votre iPad avec un Mac ou un PC, à tout bout de champ. De fait, en vous reposant sur un service Cloud, vos données sont certes sur votre terminal iOS, mais aussi sur les ordinateurs du prestataire de service, en sécurité. Si vous perdez, cassez ou vous faites voler votre iPad, vous pourrez tout de même récupérer vos données. Surtout, si vous utilisez plusieurs appareils iOS, voire un smartphone Android, Symbian ou Windows Phone en sus, et encore un Mac ou un PC… le service Cloud centralisera vos données et vous permettra d'être sûr que la cohérence est maintenue entre ce que vous pourrez trouver sur vos appareils iOS, sur votre ordinateur personnel et sur votre smartphone, sans même passer par un câble de synchronisation. C'est toute l'élégance de la chose : la synchronisation se fait *via* les réseaux de données – de votre opérateur de téléphonie mobile ou votre réseau Wi-Fi personnel. Le plus souvent, cette synchronisation se fait même en temps réel, sans que vous ayez à vous en préoccuper. Un mode de mise à jour appelé *push*.

Les deux services de ce type les plus simples à mettre en œuvre sont probablement Gmail, de Google, et MobileMe, d'Apple. Le premier est gratuit quand le second est proposé au prix 79 euros par an pour une personne (ou 119 euros par an pour cinq personnes). Compte tenu de sa gratuité, c'est sur le premier que nous allons nous concentrer.

Configurez un compte Gmail/Exchange

Profiter de l'ensemble des services associés à Gmail – courrier électronique, Google Calendar pour l'agenda, ou Google Contacts pour le carnet d'adresses, est plutôt simple :

1 Ouvrez l'application **Réglages** → **Mail, Contacts, Calendrier**. Dans la liste **Comptes**, sélectionnez **Ajouter un compte…**

2 Non ! Ne sélectionnez pas **Gmail** ! Pour contre-intuitif que cela puisse paraître, sélectionnez **Microsoft Exchange** : c'est un protocole utilisé par ce serveur de travail collaboratif d'entreprise qui sera mis à profit pour obtenir la synchronisation en temps réel entre votre iPad et les services de Google.

i iOS supporte plusieurs comptes Exchange. Pour chacun, vous pouvez préciser les éléments à synchroniser : courrier, calendriers, contacts.

3 Il est maintenant temps d'indiquer les paramètres d'accès aux serveurs de Google : dans le champ **Adresse**, indiquez votre adresse de messagerie électronique *@gmail.com* (que vous aurez pris soin de créer au préalable *via* Safari). Indiquez de nouveau cette adresse dans le champ **Nom d'utilisateur**. Remplissez alors le champ **Mot de passe** comme il se doit. Cliquez sur **Suivant**.

4 iOS engage alors une phase de vérification. Il vous indiquera que le « certificat de gmail.com » pour votre compte n'a pas pu être vérifié. Ce n'est pas grave, appuyez sur **Accepter**.

5 Dans le champ **Serveur**, indiquez m.google.com puis appuyez sur **Suivant**. Vérifiez que les interrupteurs **Courrier**, **Contacts** et **Calendriers** sont bien activés puis cliquez sur **Enregistrer**.

Ça y est : vous profitez pleinement des fonctions de synchronisation en mode *push*.

Yahoo! propose aussi un service de messagerie électronique syn-chronisé en temps réel avec l'iPad, en mode *push*. Mais, pour syn-chroniser les contacts, il faut passer par iTunes. Et, pour les agendas, il faut configurer un compte CalDAV sur l'iPad (voir à la fin de ce chapitre) – la synchronisation de l'agenda se fera sans *push*.

À la longue, le *push* vous fatiguera peut-être. Surtout si vous re-cevez très souvent des e-mails, et même en pleine nuit (pensez à couper le son…). Dans l'application **Réglages** → **Mails, Contacts, Calen-drier** → **Nouvelles données**, vous pouvez préciser à votre iPad s'il doit ou non utiliser le *push*. Et régler, au passage, l'intervalle de synchronisation OTA automatique des données. Sous **Avancé**, vous pouvez même affiner ce réglage compte par compte. Mais la meilleure idée est peut-être de dé-clarer un compte Exchange qui ne sera synchronisé que pour les contacts et les agendas – et en mode *push*, sans état d'âme. Dans ce cas, vous pour-rez ajouter un compte Mail de type IMAP (ou Gmail, si vous utilisez les services de Google) qui, lui, ne sera synchronisé qu'à chaque lancement de Mail – ou à intervalles réguliers, selon vos réglages. En bref, utiliser les services Exchange, ce n'est pas forcément du *tout ou rien* binaire…

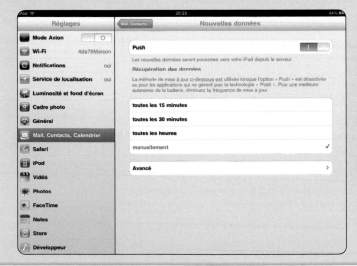

La synchronisation en mode *push*, c'est bien pratique. Mais cela présente un inconvénient, notamment avec le courrier électronique : par défaut, votre iPad émet un son – ou, à défaut, vibre – à la réception d'un nouveau message. En pleine nuit, cela peut surprendre, voire tout bonnement perturber. Bref, pour éviter ce type de désagrément, ouvrez l'application **Réglages** → **Sons**. Désactivez la notification sonore de **Nouveau courrier**.

Pour vos signets Web, faites confiance... au Web !

Avec MobileMe, le volet Signets de sites Web trouve rapidement une solution : la synchronisation des signets est directement gérée par ce service d'Apple, pour son navigateur Safari. Google propose un autre service : Bookmarks, gratuit encore une fois. Et, pour peu que vous disposiez d'un compte Gmail, il est automatiquement accessible à l'adresse `http://www.google.com/bookmarks/`.

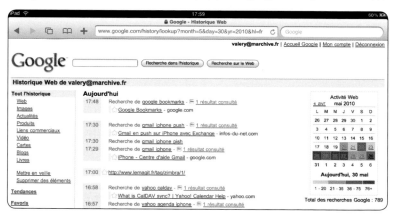

Mais un problème subsiste : lorsque vous appuierez sur le bouton + de la barre d'outils de Safari, c'est lui qui enregistrera vos signets, pas un service Web. Pour corriger cela, il y a ce que l'on appelle un *bookmarklet* : il s'agit d'une petite application écrite dans le langage JavaScript et que vous installerez dans la barre d'outils de Safari ; lorsque vous cliquerez dessus, un signet pourra être créé pour

la page Web en cours de consultation. Le bookmarklet le plus adapté à l'iPad –
à ce jour – est probablement celui d'Andrew Sutherland, accessible à l'adresse
`http://code.jalenack.com/delicious/index.php`. Il s'appuie sur un
autre service de stockage en ligne de signets Web, Del.icio.us. Voici comment
profiter conjointement de ce service très populaire et du bookmarklet d'Andrew
Sutherland :

1 Sur votre Mac, lancez Safari – sur votre PC, lancez Safari ou Internet
Explorer.

2 Orientez votre navigateur Web vers l'adresse `http://del.icio.us/`
et suivez les instructions pour créer un compte d'utilisateur.

3 Cela fait, orientez votre navigateur Web vers l'adresse `http://code.`
`jalenack.com/delicious/index.php`.

4 Dans le champ **Username**, indiquez le nom d'utilisateur que vous vous
êtes attribué pour créer votre compte del.icio.us. Cliquez sur **Create my**
bookmarklet.

5 Un lien intitulé **Add to Del.icio.us** apparaît : glissez-le dans la barre
de signets de votre navigateur Web. Avec Safari, validez en cliquant sur
OK.

6 Synchronisez votre iPad avec votre ordinateur personnel – en prenant
bien soin d'activer la synchronisation des signets.

7 Sur votre iPad, ouvrez l'application **Réglages → Safari** et activez l'option
Toujours afficher la barre de signets.

Ça y est : c'était un peu long, mais vous avez fini. Désormais, dans Safari, sur
votre iPad, vous disposez d'un lien, dans la barre des signets, intitulé **Add to**
Del.icio.us : cliquez dessus chaque fois que vous voudrez enregistrer l'adresse
d'une page Web. Vous n'aurez plus, par la suite, qu'à vous connecter à votre
compte Del.icio.us pour retrouver vos signets.

Vous l'avez vu, une synchronisation avec un ordinateur personnel est ici nécessaire. Mais la synchronisation peut aussi concerner celui d'un proche.

Les alternatives à Del.icio.us ou à Google Bookmarks sont nombreuses ; expérimentez-les pour trouver celle qui vous convient. Pour n'en citer que quelques-unes : Bookmark.com, Blinklist, Faves.com, Pinboard.in ou encore Zootool.

Stockez vos notes personnelles en ligne

L'application Notes de votre iPad fonctionne soit en local – avec sauvegarde des notes à chaque synchronisation – soit en s'appuyant sur un serveur de messagerie électronique avec le protocole IMAP4. Elle se limite aux notes textuelles.

Mais un logiciel très complet, associé à un service en ligne, va plus loin : il s'agit d'Evernote. Ce couple est d'autant intéressant que, jusqu'à 40 Mo de notes par mois – ce qui fait déjà un joli volume –, son utilisation est totalement gratuite pour les notes textuelles, les PDF, les images, les pages Web ou encore les enregistrements audio. Soyons francs : le logiciel Evernote est un régal pour qui doit prendre des notes en conférence, en réunion ou même en classe. De fait, il permet de taper ses notes au clavier tout en enregistrant ce qui se dit, directement *via* le micro intégré à l'iPad ou avec un micro externe, comme celui d'un kit mains libres. C'est donc ce logiciel que vous allez découvrir ici.

Notez que l'utilisation d'Evernote suppose l'ouverture d'un compte utilisateur sur le site Web de l'éditeur : http://www.evernote.com/. Enfin, un logiciel pour Mac/PC est disponible. Celui-ci vous permet, si vous le souhaitez, de retrouver rapidement, sur votre ordinateur personnel, les notes prises sur votre iPad.

Enregistrez une nouvelle note

Une fois que vous avez ouvert un compte d'utilisateur sur le site de l'éditeur d'Evernote et installé l'application éponyme sur votre iPad, iPhone ou iPod Touch, vous êtes prêt à travailler :

1 Ouvrez l'application **Evernote**. Suivez les indications pour associer l'application à votre compte d'utilisateur du service.

2 En bas à gauche de l'écran, appuyez sur **Nouvelle note**. Ça y est, vous pouvez commencer à taper votre texte.

3 Pour lancer un enregistrement, appuyez sur l'icône qui représente un microphone, dans la barre d'outils du logiciel. L'enregistrement commence aussitôt. Appuyez sur le bouton **Stop** pour l'arrêter – et commencer, par exemple, un autre enregistrement ; chaque fichier audio est limité à 20 minutes – ou sur **Enregistrer** pour associer durablement votre enregistrement audio à votre note. Votre enregistrement apparaîtra au-dessus de votre texte, sous son titre et ses étiquettes.

Pourquoi vous ennuyer à associer des *étiquettes* à vos notes ? Parce que c'est un élément de classement et que vous gagnerez du temps lorsque vous devrez rechercher dans vos notes.

4 Lorsque vous avez fini, cliquez sur **Enregistrer**.

Remarquez que vous pouvez associer des photos à vos notes en utilisant le bouton qui représente des photos, dans la barre d'outils supérieure de la fenêtre de prise de notes – des photos prises directement avec votre iPad, ou bien transférées depuis un appareil photo numérique sur votre iPad avec le kit de connexion *ad hoc* (voir chapitre 15). Ainsi, tous les éléments associés à une note sont regroupés, ensemble, et rapidement accessibles.

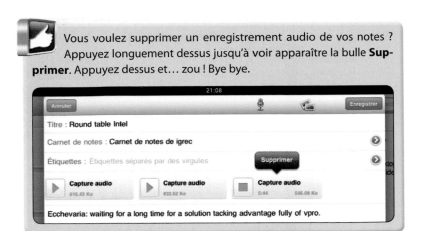

Vous voulez supprimer un enregistrement audio de vos notes ?
Appuyez longuement dessus jusqu'à voir apparaître la bulle **Supprimer**. Appuyez dessus et... zou ! Bye bye.

Synchronisez vos notes

Si vous êtes connecté à Internet lorsque vous utilisez Evernote, le transfert vers les serveurs de stockage d'Evernote commence dès l'enregistrement d'une note. De la même manière, toute modification apportée à une note est immédiatement répercutée. Dans le cas contraire, lorsque vous reviendrez en couverture Wi-Fi, appuyez sur l'icône en forme d'antenne radar, en bas à droite de l'écran, pour lancer une synchronisation manuelle avec ces serveurs. Accessoirement, ce bouton permet de suivre votre utilisation du service et de souscrire, si nécessaire, à sa version *premium*.

Si vous préférez prendre vos notes à main levée, c'est également possible. Une bonne solution pour ce faire peut être le stylo dédié aux écrans tactiles Pogo Stylus (environ 20 euros) associé au logiciel pour iPad Penultimate (2,39 euros). Avec cette application, le transfert de notes se fait par courrier électronique, avec une pièce jointe au format PDF.

Allez plus loin

Pour vos calendriers, la synchronisation en mode *push* évoquée plus tôt dans ce chapitre n'est pas l'unique solution pour vous passer d'un Mac ou d'un PC. Il en existe une autre, au nom barbare : CalDAV. Ce standard repose sur le protocole du Web – http – et permet l'accès distant à des calendriers stockés sur un serveur. Il est très répandu : Mac OS X Server le supporte, de même que Zimbra, Kerio Connect, Yahoo! Calendar ou encore Google Calendar pour ne citer qu'eux. Voici comment en profiter.

Avec CalDAV, l'application Calendrier mettra à jour ses informations chaque fois qu'elle sera lancée – ou à un intervalle que vous aurez défini dans **Réglages → Mail, Contacts, Calendrier → Nouvelles données**. À la rubrique **récupération des données**, sélectionnez la fréquence de mise à jour automatique des données. Si vous choisissez **manuel**, Calendrier ne mettra ses données à jour qu'à chaque lancement. Vous pouvez affiner le réglage calendrier par calendrier, sous le bouton **Avancé** : là, choisissez, pour chaque calendrier (ou *compte*, dans la terminologie Apple), l'option **récupération** ou **manuel**.

Accédez à vos agendas sur Internet

Pour permettre à l'application Calendrier d'accéder à un agenda CalDAV (en lecture et écriture, pour consulter, modifier et ajouter des événements), il faut simplement ajouter le *compte* correspondant dans les réglages de votre iPad :

1 Ouvrez l'application **Réglages → Mail, Contacts, Calendrier**.

2 À la rubrique **Comptes**, appuyez sur **Ajouter un compte**. Dans la liste, sélectionnez **Autre**.

3 À la rubrique **Calendriers**, sélectionnez **Ajouter un compte CalDAV**.

4 Remplissez les champs du formulaire avec les informations fournies par l'hébergeur de votre calendrier puis appuyez sur **Suivant**.

iOS s'occupe du reste : si les informations fournies sont correctes, votre calendrier sera rapidement accessible dans Calendrier. Laissez juste le temps à l'application de procéder aux téléchargements nécessaires. Pour le reste, ce calendrier CalDAV s'utilise de la même manière que les calendriers plus classiques.

> Si vous vous déplacez fréquemment, la gestion cohérente de vos agendas suivant différents fuseaux horaires est cruciale. Votre iPad est capable, *a minima*, de déduire votre position à partir du réseau Wi-Fi auquel il est connecté. Et c'est assez fiable. Du coup, il sait se caler automatiquement sur le bon fuseau horaire. Dès lors, lorsque vous enregistrez un événement, pensez à l'enregistrer en tenant compte du fuseau horaire correspondant au lieu de l'événement : Calendrier fera le reste et vous indiquera votre planning en tenant compte du décalage horaire. Pour préserver cette fonctionnalité, veillez à *ne pas* activer l'option **Heure locale** dans **Réglages → Mail, Contacts, Calendrier → Calendrier**.

Abonnez-vous à un calendrier

Pourquoi s'abonner à un calendrier ? Tout simplement pour être au courant des contraintes de ses collègues, pour suivre les engagements déjà pris par ses proches pour le week-end prochain... facilement, et alors même qu'ils sont occupés à autre chose. Il suffit pour cela que les personnes concernées aient partagé leur agenda sur Internet – soit complètement, soit en limitant le partage à leurs informations de disponibilité. Voyez avec eux et demandez-leur les informations nécessaires à votre abonnement. Muni de ces données précieuses, procédez comme ceci :

1 Ouvrez l'application **Réglages** → **Mail, Contacts, Calendrier**.

2 À la rubrique **Comptes**, appuyez sur **Ajouter un compte**. Dans la liste, sélectionnez **Autre**.

3 À la rubrique **Calendriers**, sélectionnez **S'abonner à un calendrier**.

4 Là, indiquez l'adresse complète (URL) du calendrier que vous souhaitez pouvoir consulter sur votre iPad – en lecture seule, sans possibilité de modification – puis appuyez sur **Suivant**.

iOS se charge du reste et affiche ce nouvel agenda partagé parmi tous les autres.

Il se peut que l'accès à un agenda partagé soit restreint par un nom d'utilisateur et un mot de passe. Dans ce cas, modifiez l'URL comme ceci : `http://utilisateur:motdepasse@lerestedelURL-resteinchangé`.

Chapitre 9

Gardez le contact

Capables de se connecter à Internet en Wi-Fi, et même en 3G pour certains modèles, les iPad sont des appareils communicants par construction. Ce sera donc l'objet de ce chapitre. Nous y aborderons l'utilisation de Mail, le logiciel de messagerie électronique d'iOS, l'accès aux services de messagerie instantanée (AIM, MSN, Google Talk, ICQ) ou encore aux réseaux sociaux (Facebook, Twitter).

Dans ce chapitre

- Relevez votre courrier
- Écrivez à votre tour !
- Réglez Mail à votre goût
- Profitez de la messagerie instantanée
- Téléphonez par Internet
- Continuez de *tweeter* !
- Restez en ligne avec Facebook

Relevez votre courrier

Votre iPad embarque un logiciel de messagerie électronique assez prosaïquement nommé Mail. Il est doté d'un moteur interne de rendu très puissant qui permet de profiter pleinement des messages graphiquement enrichis et qui utilise le format HTML, plus commun dans les pages Web. Mais, pour l'essentiel, c'est un logiciel de messagerie classique et simple d'emploi, d'autant plus qu'il est capable de présenter de manière unifiée les boîtes de réception de plusieurs comptes de messagerie électronique.

Mail permet de consulter les messages électroniques de plusieurs adresses différentes – ou *comptes* de messagerie. Et, comme ses homologues sur PC ou Mac, cette application sait regrouper dans une même liste les messages en provenance de boîtes de réception différentes. En outre, les messages peuvent être organisés automatiquement par fils de discussion.

L'affichage principal de Mail se divise en deux parties, en orientation paysage :

● La colonne de gauche vous permet de consulter la liste de vos courriers électroniques et de naviguer dans les dossiers de rangement de votre serveur de messagerie IMAP ou Exchange.

● Le grand cadre de droite vous permet de consulter le message sélectionné à gauche.

En orientation portrait, l'affichage ne présente plus la colonne latérale : pour accéder à la liste de vos messages, vous devez appuyer sur le bouton qui porte le nom du dossier que vous êtes en train d'explorer, dans la barre d'outils, en haut à gauche de l'écran. La liste des messages apparaît dans une fenêtre en surimpression.

Avez-vous remarqué la petite icône en forme de flèche tournant sur elle-même, en bas à gauche de la liste des messages ? Elle vous permet de forcer une actualisation manuelle de cette liste.

Consultez images et pièces jointes

Forte de ses capacités de rendu graphique, Mail affiche directement les images jointes dans le corps du message. Mais peut-être souhaiterez-vous enregistrer certaines images pour mieux en profiter, par la suite, dans l'application Photos de votre iPad ? Suivez le guide :

1 Appuyez longuement sur l'image voulue dans le cadre de visualisation de courriers électroniques. Un petit menu local apparaît alors.

2 Appuyez sur le bouton **Enregistrer l'image** pour l'expédier dans l'application Photos. Voilà, c'est fait !

Il est probable que vous ayez suivi la voie de la facilité et laissé le soin à iTunes de configurer directement votre iPad pour accéder à vos comptes de messagerie électronique. Mais vous pouvez aussi en ajouter manuellement, *via* l'application **Réglages** → **Mail, Contacts, Calendrier**. À la rubrique **Comptes**, appuyez sur **Ajouter un compte**. Choisissez **Autre**, le cas échéant, pour configurer un compte POP ou IMAP d'un fournisseur autre que ceux proposés dans la liste. Laissez-vous alors guider en utilisant les détails de connexion à votre messagerie fournis par votre fournisseur de service.

Pour les autres pièces jointes – fichiers PDF ou Microsoft Office et Apple iWork, par exemple –, d'autres possibilités peuvent s'offrir à vous, suivant les applications installées sur votre iPad :

- Appuyez directement sur l'icône de la pièce jointe afin de lancer son téléchargement puis son affichage – si le fichier est supporté (voir l'astuce suivante). Ou pour l'ouvrir directement dans l'application la plus appropriée : les icônes des pièces jointes correspondent à celles des applications concernées.

- Appuyez longuement sur l'icône de la pièce jointe afin d'accéder aux options d'ouverture du fichier : un menu local apparaît. Là, sélectionnez **Coup d'œil** pour afficher directement le fichier avec la visionneuse interne de Mail, sans passer par une application externe. Dans la barre d'outils de la visionneuse, en haut à droite, le bouton **Ouvrir dans** vous permet ensuite de transférer le fichier à l'application adaptée de votre choix.

Sans l'aide d'un logiciel complémentaire et outre les images, Mail sait afficher le contenu des pièces jointes produites avec Microsoft Office, Apple iWork, ainsi que les fichiers PDF, HTML, texte (RTF et TXT), et vCard (VCF).

Rangez votre courrier

Les comptes de messagerie IMAP et Exchange (et donc MobileMe) permettent de ranger vos courriers électroniques dans des dossiers (mais votre iPad ne vous permettra pas de les créer). Une façon de conserver une boîte de réception relativement organisée :

1 Appuyez sur l'icône illustrée d'un dossier (avec une flèche), dans la barre d'outils, en haut de l'écran sur iPad.

2 Dans la liste, sélectionnez le dossier dans lequel ranger le courrier électronique sélectionné. Évitez les dossiers **Drafts** – dédié aux brouillons de messages non expédiés – et **Junk E-mail** – consacré aux pourriels si votre serveur de messagerie intègre un filtre antispam. L'opération est effective immédiatement.

Vous reposer sur un service de messagerie électronique doté d'un filtre antispam peut être une bonne idée : Mail, sur iPad n'intègre pas de moteur antipourriel, contrairement à son homologue pour Mac OS X.

Bien sûr, vous pouvez également supprimer rapidement et simplement un message : il vous suffit d'appuyer sur l'icône qui représente une poubelle, dans la barre d'outils de Mail ou bien de faire passer votre doigt de gauche à droite sur le message voulu dans la liste des messages. Avec un compte de messagerie IMAP ou Exchange, ces messages ne sont pas immédiatement supprimés : ils sont déplacés dans le dossier **Trash** ou **Corbeille** ; leur suppression interviendra ultérieurement, suivant les réglages du serveur de messagerie.

Vous avez probablement remarqué le champ **Rechercher**, en haut de la liste des messages. Utilisez-le pour chercher un message – vous pouvez taper un élément de son contenu, de son sujet, du nom de l'expéditeur ou des destinataires… Mail fera le travail pour vous. Et s'il ne peut afficher que 200 messages, il sait procéder à une recherche sur l'intégralité des messages d'un serveur IMAP ou Exchange.

Ainsi, vous traiterez individuellement vos messages. Mais vous pouvez également effectuer des traitements par lots.

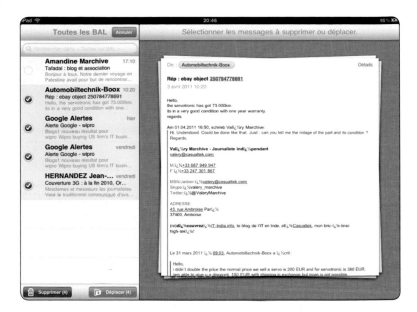

Pour cela, dans la liste des messages, appuyez sur le bouton **Modifier**. Puis sélectionnez un ou plusieurs messages. Appuyez alors sur **Supprimer** pour les effacer ou les envoyer à la Corbeille, ou bien sur **Déplacer** pour les ranger dans un dossier IMAP/Exchange.

Prenez la plume...

Bien sûr, avec votre iPad, vous n'allez pas vous contenter de consulter vos e-mails : vous allez aussi vouloir y répondre, en transférer à des amis, ou bien composer de nouveaux messages à l'intention de vos proches.

Pour répondre à un message ou le transférer, le processus est globalement le même :

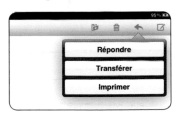

🔵 Pour transférer un message à un ou plusieurs correspondants, appuyez sur la flèche orientée vers la gauche, dans la barre d'outils.

Sélectionnez **Transférer** puis, selon le message, **Inclure** ou **Ne pas inclure** pour transférer également, ou pas, les pièces jointes au message. Si celles-ci sont volumineuses, l'envoi de votre courrier peut être très long…

● Pour répondre à un message, procédez de la même manière mais sélectionnez **Répondre**.

Dans tous les cas, vous aboutissez à la fenêtre de composition de message. La même que celle que vous rencontrerez avec un nouveau message (la reprise du message précédent en moins) :

1 Pour écrire un nouveau message, appuyez sur le bouton situé à l'extrémité droite de la barre d'outils, tout en haut de l'écran.

2 Renseignez le champ **Objet** en indiquant le sujet de votre message. Bien sûr, dans le cas d'un transfert ou d'une réponse, ce champ est déjà prérempli. Mais vous pouvez le modifier.

3 Tapez votre message dans la zone de texte principale, juste au-dessus du clavier virtuel.

4 Renseignez ensuite le champ **À**. Pour aller plus vite, appuyez sur le petit + au bout de la ligne : une petite liste apparaît avec l'ensemble de vos contacts ; vous n'avez plus qu'à sélectionner un nom – puis une adresse, si la personne correspondante dispose de plusieurs adresses de courrier électronique – pour l'ajouter automatiquement à la ligne de vos destinataires. Et, pour aller plus vite, vous pouvez même utiliser le champ de recherche, tout au début de la liste.

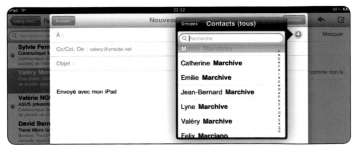

5 Lorsque vous êtes prêt, appuyez sur **Envoyer** ; votre message commence aussitôt son voyage.

> Vous pouvez également ajouter des destinataires cachés à votre message en utilisant le champ **Cci**. Pratique pour permettre à un tiers de suivre en toute discrétion un échange. Un supérieur hiérarchique qui souhaiterait par exemple suivre, à distance, des tractations commerciales. Vous pouvez même automatiser ce processus en validant l'option **M'ajouter en Cci** dans **Réglages → Mail, Contacts, Calendriers**.

Si, plutôt que d'envoyer votre message, vous appuyez sur le bouton **Annuler**, votre iPad vous proposera de l'enregistrer comme brouillon : cela vous permettra de reprendre, plus tard, la composition de votre courrier.

Envoyez une photo ou une pièce jointe

Mail ne permet pas de composer un message puis d'y ajouter une photo ou tout autre pièce jointe : cette démarche doit venir d'une autre application. Par exemple, pour envoyer une photo, vous devez utiliser l'application Photos. Et pour envoyer un document texte, vous devez utiliser Pages. Pour un PDF, vous pouvez recourir à GoodReader, *etc.* Nous y reviendrons plus loin, dans chacun des chapitres consacrés à ces types de fichiers et de documents.

> Pensez-y : vous pouvez directement composer un courriel à l'un de vos contacts depuis sa fiche dans l'application Contacts, simplement en appuyant sur l'une de ses adresses e-mail.

Réglez Mail à votre goût

Bien que, de base, Mail soit déjà très efficace, vous pouvez ajuster quelques-uns de ses réglages afin de l'adapter à vos besoins.

Ajustez la liste des messages

Par défaut, Mail affiche la liste des cinquante derniers messages de la boîte aux lettres consultée, avec deux lignes d'aperçu par message. Vous pouvez le forcer à faire plus :

1 Ouvrez l'application **Réglages**→ **Mail, Contacts, Calendrier**.

2 Appuyez sur **Afficher** et sélectionnez le nombre de messages à afficher dans la liste. Appuyez sur le bouton en haut à gauche de l'écran pour revenir à la liste des options.

3 Appuyez sur **Aperçu** puis sélectionnez le nombre de lignes d'aperçu désiré pour chacun des messages de la liste. Appuyez sur le bouton en haut à gauche de l'écran pour revenir à la liste des options.

Il y a autre chose que vous devez savoir : avec les comptes de messagerie de type Exchange, Mail se contente, par défaut, de synchroniser trois jours de courrier électronique. Cela peut vous paraître insuffisant. Aussi, pouvez-vous lui en demander plus :

1 Ouvrez l'application **Réglages → Mail, Contacts, Calendrier**.

2 Dans la liste **Comptes**, sélectionnez votre compte de messagerie Exchange.

3 Appuyez sur **Courrier : synchroniser** puis sélectionnez le niveau d'antériorité voulu. Cela fait, appuyez sur le bouton en haut à gauche de la fenêtre puis sur **Terminé**.

D'autres options, ici, vous permettent de demander une confirmation avant suppression d'un message, ou encore de régler la taille minimale d'affichage des textes : pensez à les utiliser selon vos besoins.

Choisissez votre signature

Par défaut, chaque message que vous envoyez avec Mail est signé du laconique mais très publicitaire « Envoyé avec mon iPad » (ou « mon iPhone », « mon iPod »). Peut-être avez-vous envie de personnaliser cette « signature »… Voici comment procéder :

1 Ouvrez l'application **Réglages** → **Mail, Contacts, Calendrier**.

2 Dans la section **Mail**, appuyez sur **Signature**.

3 Tapez votre signature puis cliquez sur le bouton en haut à gauche de l'écran lorsque vous avez fini. Elle est automatiquement enregistrée.

Si vous voulez gagner du temps, pensez à utiliser le copier-coller : récupérez votre signature habituelle dans un message que vous vous serez préalablement envoyé depuis votre Mac ou votre PC, puis collez-la dans la zone de saisie de signature. Notez que Mail ne vous permet pas de composer de signature « alambiquée » avec des effets de mise en forme : il faudra vous contenter d'un texte très basique. À moins que vous ne puissiez configurer une signature sur votre serveur de messagerie, laquelle sera ajoutée automatiquement. C'est souvent le cas avec les serveurs de messagerie d'entreprise.

Remarquez l'interrupteur **M'ajouter en Cci** : si vous l'activez, vous serez automatiquement placé en copie cachée de chacun des messages envoyés depuis votre iPad. Ainsi, vous pouvez être sûr qu'ils sont bien partis (mais pas forcément bien arrivés…).

Si vous utilisez plusieurs comptes de messagerie électronique, pensez enfin à sélectionner un compte par défaut, *via* l'option *ad hoc* : c'est avec l'adresse e-mail correspondante que seront envoyés tous vos messages composés depuis une autre application que Mail. Cette dernière utilise systématiquement le compte de messagerie correspondant à la boîte aux lettres en cours de consultation au moment de la rédaction.

Profitez de la messagerie instantanée

MSN, Yahoo! Messenger, ICQ, Google Talk, AIM, Facebook… La messagerie instantanée est devenue tout simplement incontournable. La bonne nouvelle, c'est que vous pouvez en profiter sur votre iPad, mais aussi sur votre iPhone ou votre iPod Touch.

Plusieurs applications ont vu le jour pour cela. Tout d'abord, il y a le très connu – sur iPhone et iPod Touch – BeejiveIM. Qui est tout aussi complet et efficace. Mais ses utilisateurs apprécient relativement peu de devoir payer pour ce logiciel sur leur iPad, alors qu'ils ont déjà payé pour pouvoir l'utiliser sur leur iPhone ou leur iPod Touch…

Cela dit, il existe une solution gratuite pour tous les terminaux mobiles iOS, moyennant l'affichage de quelques publicités : IM+ Lite (une version payante, dépourvue de publicité, est également disponible). C'est elle que nous vous invitons à découvrir ici.

Lors de son premier lancement, IM+ Lite vous demande de configurer un compte d'utilisateur :

1 Dans la liste, sélectionnez le type de compte de messagerie instantanée à utiliser. Appuyez sur **Suivant**.

2 Remplissez le formulaire à l'aide des informations de connexion habituelles de votre compte de messagerie instantanée.

3 Activez l'option **Nouvelles notifications de courriel en mode push** si elle vous est proposée (pour MSN, notamment) et que vous souhaitiez recevoir une alerte à l'écran pour tout nouveau courriel – y compris lorsque l'application est fermée.

4 Appuyez sur **OK**. Ça y est : IM+ se connecte automatiquement ; vous pouvez commencer à dialoguer comme à l'accoutumée.

Notez qu'IM+ ne supporte pas les échanges audio : il se limite aux échanges textuels – y compris avec l'envoi d'images – mais accepte les débats à plusieurs internautes.

En cours d'échange, le bouton illustré d'une flèche orientée à droite vous permet d'adresser à un correspondant un message vocal – qu'il vous faudra enregistrer –, une photo stockée dans la mémoire de votre iPad, iPhone ou iPod Touch, ou encore votre localisation géographique.

Lors de la saisie de texte, des boutons disposés à gauche et à droite de la zone de saisie, juste au-dessus du clavier, vous permettent d'utiliser des émoticons.

Notez également le bouton illustré d'un globe, sur le bord droit de l'écran : il vous permet de cacher ponctuellement votre échange pour… surfer sur le Web en parallèle.

Par défaut, IM+ réduit vos photos à 1024 × 768 pixels, avant de les envoyer. Vous pouvez modifier ce réglage *via* le menu accessible depuis le bouton illustré d'une roue dentée dans la barre d'outils.

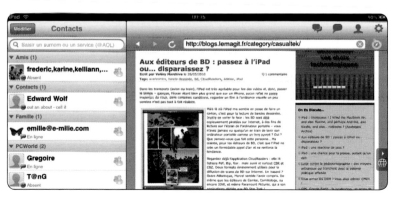

Enfin, comme la plupart des logiciels de messagerie instantanée pour iPad et/ou iPhone et iPod Touch, IM+ supporte les notifications : fermez l'application, passez à autre chose… Vous serez prévenu si quelqu'un vous envoie un message !

Les fonctions de notification peuvent s'avérer assez intrusives. Vous pouvez, si vous le souhaitez, les désactiver *via* le bouton des réglages (illustré d'une roue dentée), à la rubrique **Réglages du service Push**.

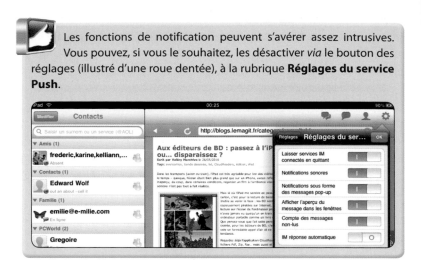

Essayez la visiophonie

Avec l'iPhone 4, Apple a introduit une nouvelle fonction : la visiophonie, avec FaceTime. Celle-ci présente une grande originalité : elle ne s'appuie sur aucune fonction des réseaux de téléphonie mobile… De fait, les appels passés avec FaceTime sont gratuits. Mais ils ne fonctionnent que sur les réseaux Wi-Fi. Cela dit, pour appeler chez soi depuis l'étranger, cela peut être une bonne alternative à d'autres solutions comme Skype – qui permet aussi la vidéo – ou Vibr – qui ne supporte que l'audio –, par exemple.

Et la bonne nouvelle, c'est que si FaceTime a été introduit avec l'iPhone 4, il est également disponible sur l'iPod Touch, sur Mac, et sur l'iPad 2 !

Affichez votre pomme avec FaceTime

Lancer un appel FaceTime est finalement assez simple : dans la fiche de l'un de vos contacts, appuyez simplement sur le bouton **FaceTime**. Là, choisissez entre son numéro de téléphone mobile – pour l'appeler sur son iPhone – et son adresse e-mail – pour le joindre sur un iPod Touch, un iPad ou un Mac. Mais attention : la présence de ce bouton ne présume en rien de la présence effective de capacités FaceTime du côté de votre correspondant. Si l'appel échoue, c'est très probablement parce que cette capacité est absente.

Une fois la communication établie, vous vous voyez dans le petit cadre en haut à droite de l'écran ; l'image de votre correspondant occupe l'essentiel de l'espace. Vous pouvez couper le micro, avec le bouton en bas à gauche de l'écran, mettre un terme à la communication, avec le bouton *ad hoc*, ou encore changer de capteur photo numérique avec le bouton à l'extrémité droite en bas de l'écran.

Par défaut, FaceTime utilise la caméra frontale de l'iPad. Mais il vous permet de changer de caméra afin, par exemple, de partager un élément de votre environnement immédiat avec votre correspondant, sans le perdre de vue.

Mais pour profiter de FaceTime, vous devez d'abord activer cette fonctionnalité. Cela se passe dans l'application **Réglages** → **FaceTime** : activez simplement l'option correspondante.

Là, vous devrez indiquer votre adresse e-mail afin de permettre à vos correspondants de vous appeler *via* FaceTime. Et si vous voulez être joint sur plusieurs adresses e-mail, c'est également possible.

> En pleine conversation, vous voulez vérifier quelque chose sur Internet ? Pas de souci : vous pouvez utiliser n'importe quelle application de votre iPad tout en maintenant votre conversation FaceTime. Mais attention à vos expressions : votre correspondant continue de vous voir ! Une barre verte, en haut de l'écran, vous indique qu'une conversation FaceTime est en cours.

À la fin de l'été 2010, Apple a ouvert FaceTime au-delà de ses terminaux mobiles, en proposant une application bêta pour Mac. Comme sur iPod Touch, cette application utilise une adresse e-mail pour permettre les appels entrants. Elle récupère la liste des contacts *via* l'application Carnet d'adresses. Et elle permet d'appeler directement des iPod Touch et des iPhone connectés à un réseau Wi-Fi – mais là, il est possible d'initier l'appel par le numéro de téléphone mobile du correspondant à joindre.

Pour le reste, l'application s'apparente à une adaptation de la fonction correspondante sur iPhone et iPod Touch. Pas de surprise, donc, à en attendre.

Téléphonez par Internet

Le service de téléphonie par Internet Skype doit-il encore être présenté ? Très populaire sur PC, il a récemment étendu son emprise sur la téléphonie mobile : son logiciel pour iPhone et iPod Touch supporte les appels par Internet sur les réseaux de téléphonie mobile. Et même les appels vidéo ! Et s'il n'existe pas encore de version spécifique à l'iPad de cette application, ce n'est pas grave : vous pouvez en profiter sur votre iPad ; l'interface graphique sera peut-être moins agréable mais est-ce bien grave puisqu'il s'agit de… téléphoner ?

Mais puisque Skype est si connu et populaire, nous allons également nous intéresser ici à une autre application : Nimbuzz. Elle aussi est gratuite. Elle non plus n'est pas optimisée pour l'iPad. Mais, par rapport à Skype, elle présente de nombreux avantages : elle est compatible avec le compte SIP associé à la ligne de téléphonie sur IP des accès à Internet de l'opérateur Free ; elle supporte les échanges en voix sur IP avec les services de messagerie instantanée Windows Live/MSN, Yahoo!, Google Talk ou encore AIM/MobileMe. Un panel remarquablement complet.

À son premier lancement, Nimbuzz vous demande de vous identifier avec un compte lié au service : si ce n'est pas déjà fait, laissez-vous guider pour en créer un, cela n'engage à rien.

> Attention ! Sauf mentions contraires, la plupart des offres d'accès à Internet en 2G/3G des opérateurs mobiles interdisent la téléphonie sur IP. Même si celle-ci reste techniquement possible, vous n'avez peut-être pas envie de contrevenir à un document contractuel que vous avez signé… Pour éviter tout risque, prenez soin de n'utiliser la téléphonie sur IP que lorsque votre iPhone est connecté en Wi-Fi.

Configurez Nimbuzz pour votre ligne Free

Les abonnés de l'opérateur Free peuvent profiter de leur ligne de téléphonie par Internet *via* un logiciel compatible avec le protocole SIP. Et, justement, Nimbuzz se range dans cette catégorie. Une bonne nouvelle, pour tous ceux qui souhaiteraient profiter d'appels à bas coût directement depuis leur iPad, iPhone ou iPod Touch. D'ailleurs, il est possible de passer un appel *via* cette connexion SIP alors même qu'un autre membre du foyer est déjà en communication sur le téléphone connecté à la Freebox. Voire encore d'appeler celui-ci depuis la ligne de téléphonie sur SIP. Autant de possibilités qui ouvrent de vastes perspectives d'économies lorsque l'on est en déplacement à l'étranger et que l'on dispose d'une connexion à Internet *via* un point d'accès Wi-Fi…

Voici donc la marche à suivre pour configurer Nimbuzz pour la ligne SIP de Free :

1 Lancez l'application Nimbuzz et appuyez sur le bouton **Appeler**. Là, sélectionnez **SIP**.

2 Renseignez le formulaire en utilisant les informations disponibles dans votre interface de gestion sur le site Web de Free, à la rubrique **Téléphone → Gestion de mon compte SIP**. Notez que c'est à vous d'imaginer et de définir le mot de passe de protection de votre compte SIP. Indiquez freephonie.net dans les champs **domaine** et **proxy**.

3 Appuyez sur **Sauvegarder** : vous pouvez utiliser votre ligne de téléphonie Free pour appeler les contacts de votre carnet d'adresses – listés derrière le bouton **Appeler** de Nimbuzz – ou composer directement un numéro, toujours dans cette application.

Voilà. Vous êtes prêt à utiliser la ligne de téléphonie SIP de votre abonnement Free – ou une autre – depuis votre iPhone, pour passer des appels gratuits à partir d'un réseau Wi-Fi.

Profitez de Skype à tout moment

Vous êtes utilisateur de Skype ? Faites-vous plaisir et retrouvez tout Skype – jusqu'aux appels vidéo – sur votre appareil mobile iOS. C'est très simple : une fois pour toutes, au premier lancement de Skype, identifiez-vous avec les détails de votre compte Skype ; le même que celui que vous utilisez sur PC ou sur Mac. Voilà. C'est tout.

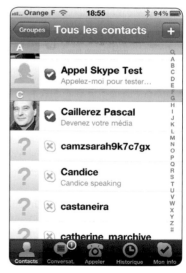

En effet, vous retrouvez plus loin tous vos contacts. À tout moment, vous pouvez lancer un appel audio ou vidéo, y compris vers des téléphones fixes, si votre compte de crédit est suffisant.

Et bien sûr, vous êtes totalement joignable : si l'un de vos contacts veut vous appeler par Skype, votre terminal mobile iOS vous en informera. À charge pour vous de prendre l'appel ou de lire son message texte... Bref, tout Skype (ou presque) dans votre poche, en permanence.

Viber, le challenger

Vous n'avez pas accès à une ligne de téléphonie par Internet SIP ou préférez éviter Skype ? Essayez donc Viber, un challenger gratuit très prometteur et, surtout, très très simple à utiliser. Très orienté téléphonie, il n'est pas disponible sur Mac ou PC. Et il se contente d'utiliser un numéro de téléphonie mobile comme identifiant – ce qui ne vous empêche pas de l'utiliser sur un iPod Touch, par exemple, avec le numéro de votre téléphone mobile classique… Le service parcourt ensuite votre carnet d'adresses : chacun de vos correspondants qui utilise Viber est mis en avant par un petit pictogramme. À l'usage, la qualité sonore des conversations est

souvent étonnante. Et, depuis peu, Viber propose même l'échange de messages courts, gratuits par Internet, à l'instar de WhatsApp Messenger (voir plus loin).

Des messages courts par Internet

Quand bien même les forfaits SMS illimités seraient de plus en plus nombreux, ils ne sont pas totalement généralisés et, surtout, ne s'appliquent que sur le territoire national. À l'étranger, les SMS restent facturés au prix fort. C'est là qu'entrent en jeu des alternatives telles que WhatsApp Messenger ou encore Kik Messenger. Ces deux applications utilisent les systèmes de notifications d'iOS pour permettre l'échange de messages texte courts entre utilisateurs de ces services – mais sans passerelle de l'un à l'autre ; chacun opère dans son pré carré.

Le premier point de différenciation des deux logiciels est le prix : WhatsApp Messenger est proposé à moins d'un euro sur l'AppStore ; Kik Messenger est gratuit. Mais le premier jouit d'une plus grande ancienneté. Et il est ouvert à un plus grand nombre de smartphones et de téléphones mobiles (dont, notamment, les smartphones Nokia). Tous deux sont en revanche disponibles pour iOS et Android.

Dernière chose : Kik Messenger nécessite la création d'un compte d'utilisateur. WhatsApp Messenger se contente d'utiliser votre numéro de téléphone mobile pour vous identifier – un peu à la manière d'un FaceTime ou d'un Viber.

WhatsApp Messenger

La configuration de WhatsApp Messenger ne prend que quelques secondes : indiquez votre numéro de téléphone et attendez un SMS indiquant un code à trois chiffres. Confirmez ce code dans l'application et… vous êtes prêt à communiquer par mini-messages textuels.

À l'instar d'un Viber, WhatsApp Messenger parcourt alors votre carnet d'adresses, à la recherche d'autres utilisateurs de l'application avec lesquels vous pourriez communiquer. Ces utilisateurs apparaissent sous l'onglet **Favoris** de l'application. Vous pouvez mettre à jour votre statut – et indiquer à vos contacts si vous êtes disponible ou non pour une conversation rapide – sous l'onglet **Statut**. Surtout, vous pouvez retrouver vos conversations sous l'onglet **Discussion**. Bon *tchat* !

Continuez de *tweeter* !

Twitter, on aime, ou on n'aime pas. Ce service de SMS jetés à la mer sur Internet produit généralement des réactions assez binaires. Avec une tendance fortement addictive pour ses adeptes. Et ceux-ci apprécieront justement la profusion, sur iPad, iPhone et iPod Touch, de logiciels adaptés à Twitter.

Tout d'abord, un logiciel tel que IM+ est compatible avec Twitter. Mais son interface graphique, orientée vers la messagerie instantanée, n'est peut-être pas la plus pratique pour Twitter. Vous trouverez aussi des logiciels dédiés tels que Twitterrific ou encore TweetFlow et TweetDeck. Cependant, nous allons nous concentrer sur le logiciel Twitter « officiel », disponible à la fois pour iPhone, iPod Touch et iPad.

Sur iPad, Twitter affiche une interface organisée en colonnes… ajustables : il est possible de les faire glisser de gauche à droite pour mettre en avant l'une ou l'autre ; les colonnes se superposant de droite à gauche. Pour faire simple : à gauche, vous retrouverez les outils de base de Twitter – le fil, les mentions, les messages directs, votre profil et la recherche –, puis, dans la colonne centrale, les éléments liés à la sélection effectuée dans la colonne de gauche. Et enfin, à droite, les éléments détaillés supplémentaires comme la page Web à laquelle un *tweet* fait référence.

Ajoutez un compte Twitter

Twitter peut être utilisé avec un ou plusieurs comptes Twitter différents. Voici comment ajouter à l'application un compte Twitter :

1 Appuyez sur le bouton illustré d'une roue dentée, en bas de la colonne de gauche sur iPad, et derrière le bouton **…** sur iPhone/iPod Touch, à la rubrique **Réglages et comptes**.

2 Sur iPhone/iPod Touch, appuyez sur le bouton +. Sur iPad, appuyez sur **Nouveau compte**.

3 Indiquez alors votre nom d'utilisateur Twitter et le mot de passe associé dans les champs **Nom d'utilisateur** et **Mot de passe**, respectivement.

4 Appuyez sur le bouton **Enregistrer**.

Voilà, vous pouvez désormais publier vos *tweets* sur Internet à loisir.

Publiez vos *tweets*

Twitter, c'est fait pour s'exprimer, n'est-ce pas ? Rien de plus simple avec Twitter pour iOS :

1 Appuyez sur le bouton illustré d'un stylo – en haut à droite sur iPhone et iPod Touch, ou en bas à gauche sur iPad.

2 Utilisez le bouton à l'allure d'un trombone pour ajouter une photo à votre publication. Ou le bouton situé à sa droite pour associer votre localisation géographique à votre message.

3 Lorsque vous êtes prêt, appuyez sur **Envoyer** ; c'est publié !

Jouez la carte de la communauté

Outre s'exprimer, Twitter sert à échanger, à entretenir un réseau, à faire circuler l'information. C'est le rôle des *retweets* et encore des réponses. Voici donc comment réagir à un *tweet* :

1 Lorsque vous voulez réagir à un message, appuyez simplement sur celui-ci pour faire apparaître la palette de commandes associée.

2 Appuyez sur le bouton illustré d'une flèche tournée vers la gauche pour répondre, ou sur celui illustré de deux flèches tournées l'une vers l'autre pour faire circuler le message, ou encore sur celui illustré d'une flèche orientée vers la droite pour adresser un message personnel à l'auteur.

Lorsque vous suivez un lien, la page Web correspondante est immédiatement chargée et affichée dans Twitter.

Voilà, vous savez l'essentiel ! Amusez-vous bien.

Restez en ligne avec Facebook

Incontournable aujourd'hui, Facebook s'est doté d'une application pour iPhone et iPod Touch très efficace. Ce n'est pas le cas pour l'iPad. : soit il faut se contenter d'utiliser le service Web de Facebook, *via* Safari, soit il faut se tourner vers une application tierce telle que MyPad. Mais pour intéressante qu'elle soit, cette (jeune) application pèche encore, à l'heure où sont écrites ces lignes, par une interface imparfaite et encore trop liée au service Web de Facebook.

Heureusement, des applications de messagerie instantanée telles que IM+ (voir précédemment) sont compatibles avec la messagerie instantanée de Facebook. C'est déjà un début.

Pour le reste, il faudra se contenter de consulter Viadeo ou LinkedIn *via* Safari, le navigateur Web de l'iPad – mais LinkedIn propose sa propre application pour iPod Touch et iPhone.

Chapitre 10

Restez au fait de l'actualité

L'iPad, avec son grand écran, est un outil formidable pour lire la presse sur un mode *électronique*. Sur le Web, avec Safari, notamment. Mais pourquoi se contenter d'un ou deux titres de presse et, surtout, accepter d'être captif des logiques de navigation de leurs sites, alors que le Web fourmille de mille et une ressources variées auxquelles il est possible d'accéder à loisir ? C'est ce que permettent les flux RSS. Et, sur l'iPad, NewsRack ou encore Reeder sont des applications particulièrement douées pour permettre leur consultation. La seconde dispose en outre d'une version Mac.

Néanmoins, plusieurs grands des médias – tant français qu'internationaux – se sont ouverts à l'iPad. Certaines de leurs applications présentent d'ailleurs une ergonomie remarquablement étudiée. Nous vous proposons d'en découvrir quelques-unes.

Dans ce chapitre

● Suivez l'actualité avec les flux RSS

● Osez les applications médias

Suivez l'actualité avec les flux RSS

Les flux RSS sont un moyen bien commode de suivre l'actualité à travers les sites de presse, en ne consultant que les articles dont vous imaginez, *a priori*, qu'ils répondront à votre intérêt. Et, surtout, en évitant de naviguer dans tous les sens sur de multiples sites Web – ou de multiplier les applications monotitres installées. Bref, face à la prolifération d'informations en tous genres, les flux RSS sont un outil d'organisation et de construction d'une certaine lisibilité.

Safari, sur iPad, ne sait pas, nativement, lire les flux RSS comme Safari, pour Mac ou PC, sait le faire. Il convient donc de l'aider. Le support le plus propice, pour commencer, est probablement le service Reader de Google : il s'agit d'un agrégateur de flux RSS très efficace. Notre propos n'étant pas de produire un mode d'emploi des services de Google, nous nous bornerons à souligner que ce service est gratuit et accessible à l'aide d'un compte Gmail, à l'adresse `http://reader.google.com/`.

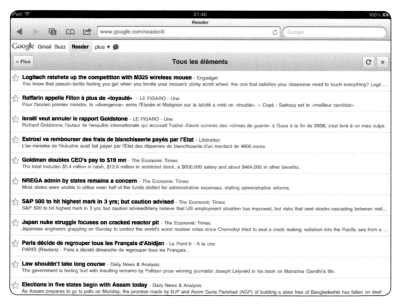

Surtout, il permet d'assurer une passerelle simple et efficace entre l'ordinateur personnel et l'iPad pour les flux RSS : il peut être utilisé comme un intermédiaire. À savoir, sur votre Mac ou votre PC, vous enrichissez votre compte Google Reader avant de pouvoir en profiter, *via* un logiciel *ad hoc*, voire avec Safari, directement, sur votre iPad.

Et, justement, des logiciels conçus pour profiter pleinement des flux RSS sur l'iPad, il y a en a au moins trois : NewsRack (3,99 euros), Reeder (3,99 euros) et Pulse News Reader (gratuit).

Les deux premiers jouent la carte de l'exhaustivité : ils vous permettront d'accéder sans souci à l'intégralité de vos flux RSS, jusqu'à supporter leur regroupement en dossiers – dans Google Reader – pour accélérer votre lecture.

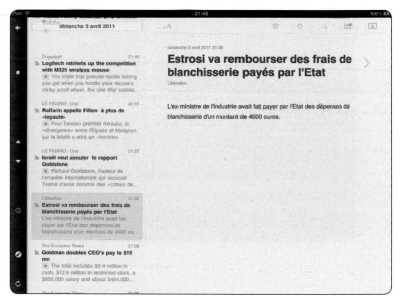

Le deuxième mise plutôt sur l'ergonomie : il présente une interface graphique soignée, plus élégante. Mais la présentation des flux RSS, dans Pulse, le destine à un usage personnel d'information et de détente : les flux sont présentés individuellement, titre par titre, et non rassemblés dans des dossiers thématiques créés dans Google Reader pour synthétiser la lecture. Compte tenu de cette dimension plus personnelle et conviviale, c'est sur Pulse que nous allons ici concentrer notre attention. Notons tout de même une spécificité de Reeder : il permet d'envoyer directement un article dans Instapaper, présenté au chapitre 4, pour une lecture ultérieure.

Profitez de vos flux RSS avec Pulse

Lors de son premier lancement, Pulse charge et affiche le contenu de flux RSS prédéfinis par son éditeur. Pour les remplacer par des flux RSS enregistrés dans Google Reader, procédez comme suit :

1 Appuyez sur la roue dentée, en haut à gauche de l'écran, puis sur le bouton **Edit List** (*Modifier la liste*).

2 Appuyez sur le sens interdit à gauche de chaque flux à supprimer (le dernier va rester ; il faudra le supprimer après avoir ajouté des flux RSS personnels).

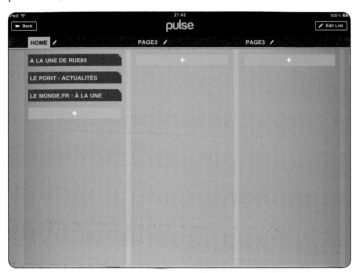

3 Cela fait, appuyez sur le bouton **Google Reader** et identifiez-vous avec les données de votre compte Gmail pour permettre à Pulse de rapatrier la liste de vos flux RSS.

4 Dans la liste, appuyez sur chacun des flux que vous voulez pouvoir consulter dans Pulse.

5 Lorsque vous avez fini votre sélection, appuyez de nouveau sur **Manage**.

6 Utilisez les icônes à droite du nom de chaque flux pour les glisser-déposer dans l'ordre dans lequel vous souhaitez pouvoir les consulter.

7 Une fois que vous avez fini, appuyez n'importe où sur l'écran, en dehors de la fenêtre en surimpression afin de la faire disparaître.

Voilà, vous pouvez commencer à profiter de Pulse. Son utilisation est extrêmement simple et intuitive :

● Naviguez de haut en bas dans les flux que vous avez configurés.

● Naviguez de gauche à droite dans les informations relayées par chaque flux.

● Appuyez sur la case d'une information pour pouvoir la lire intégralement.

Généralement, les flux RSS des médias français ne proposent qu'un bref résumé des articles publiés. Mais Pulse vous permet d'accéder rapidement à l'article complet, sans ouvrir Safari :

● En haut à droite de l'écran, appuyez sur **Web** pour accéder à la page Web complète de l'article.

● Appuyez sur **Text** pour revenir au résumé.

● En haut à droite de l'écran, appuyez sur **Home** pour revenir à l'affichage de l'ensemble des flux. Notez que vous pouvez continuer de parcourir les flux RSS sans refermer le panneau de visualisation d'articles.

Bonne lecture !

En bas à droite du panneau de lecture, Pulse affiche trois icônes. Celle du milieu vous permet de partager rapidement l'adresse d'un article, *via* Facebook, Twitter, ou tout simplement par courriel.

Osez les applications médias !

Pour la presse, qu'elle soit écrite, radio, télé ou Web, l'iPad est à la fois une opportunité et un défi. Une opportunité parce qu'il ouvre la voie à la monétisation de certains contenus – oui, il est probable qu'il faille payer pour lire son quotidien sur l'iPad à moins que la publicité ne se montre plus généreuse que sur le Web. Une opportunité aussi parce qu'il sera peut-être le premier à permettre de reconsidérer le rapport aux médias dans une approche véritablement multimédia, au-delà d'initiatives novatrices et interactives – souvent réussies mais épisodiques – fondées sur le Web. C'est aussi un défi car migrer vers l'iPad avec une stratégie éditoriale originale représente un coût certain. D'autant plus que cette approche doit s'accommoder d'un support tout jeune où beaucoup de choses, en termes d'ergonomie, restent à inventer ou, à tout le moins, à valider : l'iPad propose une vaste surface ; on est loin de la linéarité imposée par la petitesse de l'écran d'un iPhone. Le rapport au contenu s'en trouve radicalement bousculé.

Les accros de la dépêche financière devraient pouvoir satisfaire aux commandements de leur addiction avec l'application Bloomberg. Simple et redoutablement efficace, elle permet de disposer d'un tableau de bord complet sur l'état de la planète finance. Complet et personnalisable.

Les Echos, *Le Figaro*, *Le Monde*, *Paris Match*, ou encore BFM TV et France 24 sont les premiers médias français présents sur l'iPad. Avec plus ou moins de succès. En route pour un rapide tour d'horizon, forcément incomplet.

France 24, la télévision et les dépêches

Dans la catégorie plurimédias, l'application de France 24 est très réussie : elle permet d'accéder aux dépêches de l'AFP dans la colonne de gauche, ainsi qu'aux dernières émissions de la chaîne, dans sa partie inférieure. Le cadre principal permet, quant à lui, de consulter les vidéos des derniers JT, ainsi que le direct.

La barre d'outils, dans la partie supérieure de l'écran, donne accès à une cartographie mondiale des derniers sujets de la chaîne, à la liste des dépêches, ainsi qu'à celle des émissions.

L'ensemble est fluide et plutôt agréable à consulter. BFM TV propose également sa propre application, tout aussi réussie.

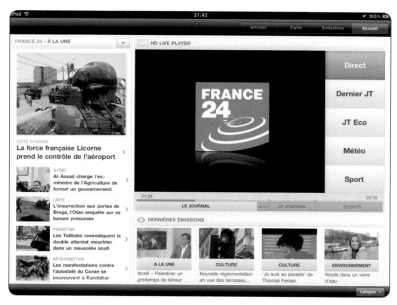

Les anglophiles apprécieront aussi l'application de la chaîne britannique BBC News. Ses principes généraux d'ergonomie renvoient à ceux de Pulse (sans présumer d'une quelconque inspiration dans un sens ou dans l'autre). Il y a également l'application de CNN, par exemple.

Le Figaro, une expérience entre le Web et le papier

Les équipes multimédias du *Figaro* ont manifestement cherché à être créatives. Peut-être un peu plus que leurs confrères du *Monde* ou des *Echos* dont les applications ont l'effet de visionneuses PDF améliorées – du moins dans l'état actuel et à l'exception de l'application *LeMonde.fr*, simple mais efficace.

De fait, l'application pour iPad du *Figaro* introduit d'authentiques originalités de navigation, qui produisent, au final, une expérience associant habitudes du Web – faire défiler le contenu d'encadrés – et du papier – lecture sur plusieurs colonnes et passage d'une page à l'autre. Sans compter le carrousel de commandes – pour, notamment, passer d'une rubrique à l'autre rapidement – qui exploitent pleinement le fait que l'iPad puisse être tenu à deux mains.

Des efforts d'ergonomie donc, qui rappellent ceux du *Financial Times* ou encore de *USA Today*, outre-Atlantique. Le tout mis au service du confort de lecture.

À découvrir d'urgence, même si l'application est payante, tout comme la lecture du journal.

Il serait injuste d'évoquer la presse sur iPad sans un clin d'œil au monde du Mac. D'autant plus que le site spécialisé Mac4ever dispose de sa propre application pour iPad. Rien de révolutionnaire ici par rapport à la version iPhone, mais un réel plaisir, tout de même, de pouvoir profiter de l'information Mac et Apple, confortablement, sur la tablette de ce constructeur. MacGeneration propose également depuis peu une application pour iPad, *iGeneration*, très réussie avec une ergonomie qui rappelle les applications Twitter et Reeder.

La presse magazine se réinvente en multimédia

Frêle silhouette courbée par le temps et les vents, Paul Bedel, 79 ans, avance à petits pas dans son champ enneigé. Face à lui, la lande s'étire en pente douce jusqu'à la mer. Un bout du monde, le cap de la Hague, aux confins de la presqu'île du Cotentin. Le vieil homme s'approche d'un muret entourant sa parcelle, afin de le consolider. Il se baisse péniblement, prend dans ses mains calleuses une pierre de granit qu'il appose aux autres, d'un geste habile. « Grâce à ces murs, explique-t-il, le foin sera mieux protégé des embruns salés. » Paul connaît les moindres recoins de ce rude paysage qui l'a vu naître. Il n'en est parti que pour son service militaire et pour se rendre à Lourdes. Quand l'usine de traitement des déchets toxiques de la Hague s'est construite, en 1961, les jeunes du coin ont voulu y travailler. « Moi, j'avais besoin d'avoir les mains noires de terre et l'immensité de la Manche devant les yeux. Ici, la lande, la mer et l'homme ne font qu'un. Je sais que, lorsque pousse le varech au printemps, quinze jours après l'herbe verdira. Dommage que les jeunes n'observent plus leur environnement. Leurs tracteurs sophistiqués les ont coupés de la nature qu'ils croient dominer. C'est faux ! Avec mes deux sœurs, célibataires comme moi, nous avons perpétué la tradition avec nos vieilles machines, notre petit élevage de vaches, nos quatre cochons et la basse-cour. Nous avons toujours pu vivre en autarcie, et même faire

Tant chez *Géo* que chez *Paris Match* ou encore *Le Point*, les équipes multimédias semblent avoir choisi de profiter du potentiel de l'iPad pour pousser encore plus loin l'importance accordée à la photographie – de voyage pour l'un et d'actualité pour les autres. En effet, les applications de ces deux magazines font la part belle à la photographie ; c'est un régal pour les yeux.

Mais l'application de *Paris Match* apparaît plus poussée. Là où *Géo* se contente, pour l'essentiel de son magazine, d'une application qui rappelle une liseuse de PDF, *Paris Match* mise totalement sur la logique du support électronique : articles de plusieurs pages tenant sur un écran que l'on fait défiler verticalement (alors même que l'on passe d'un article à l'autre grâce à un défilement horizontal, sur un mode *papier*, donc), intégration de diaporamas dans les écrans pour illustrer directement les articles, *etc*.

Pour ne rien gâcher, l'application de *Paris Match* est, pour l'heure en tout cas, gratuite, tandis que celle de *Géo* est payante.

Les anglophiles technophiles découvriront sûrement avec plaisir l'application du célèbre magazine américain *Wired*. Son approche du support électronique qu'est l'iPad en exploite assez bien le potentiel avec, en particulier, un sommaire très originalement arrangé. Du coup, cette application de plus de 500 Mo (!) – pour une seule édition – apparaît déjà résolument avant-gardiste. Et mérite clairement le détour même si, à de nombreux égards, elle fait penser à une liseuse PDF très évoluée. La preuve, si nécessaire, que l'iPad présente un champ d'expérimentations remarquable et, surtout, qui n'a pas encore donné tout son potentiel. À découvrir également, *The Daily*, qui doit arriver très rapidement en Europe, un quotidien exclusivement conçu pour l'iPad.

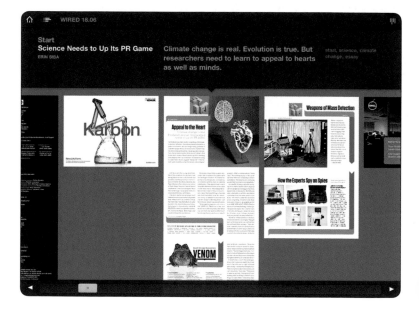

Chapitre 11

Retrouvez le plaisir de lire

L'iPad fait-il une bonne liseuse de livres électroniques ; saura-t-il se substituer à un Kindle d'Amazon, par exemple ? À chacun de juger. En attendant, Apple semble croire à cette utilisation de sa tablette. Et ce n'est manifestement pas le seul puisque Amazon lui-même propose, pour l'iPad, une application pour profiter de son service de librairie électronique…

Reste que ces deux applications ne sont pas les seules proposées et que la lecture ne se limite pas forcément à la littérature. L'application GoodReader permet d'accéder facilement à des fichiers PDF, qu'il s'agisse de livres ou d'études, de rapports, *etc*. CloudReaders en est une alternative gratuite. Et puis, bien sûr, il faut compter avec les premières solutions pour la bande dessinée.

Dans ce chapitre

- iBooks, le libraire façon Apple
- GoodReader, pour lire vos PDF partout
- Et si vous bulliez un peu ?

iBooks, le libraire façon Apple

iBooks, c'est d'abord une application proposée gratuitement par Apple pour accéder à son iBook Store, sa librairie électronique sur Internet. Mais iBooks accepte également les livres transférés directement depuis iTunes. Visite guidée.

Testez l'iBook Store

L'iBook Store n'est pas accessible *via* iTunes : vous n'avez d'autre choix, pour le visiter, que d'installer l'application iBooks sur votre iPad, en la téléchargeant depuis l'App Store. Une fois cette première étape passée, lancez l'application iBooks :

1 L'application iBooks vous accueille avec des rayonnages virtuels. C'est un peu la bibliothèque interne de votre iPad. Pour accéder à iBook Store, appuyez sur le bouton **Store** en haut à gauche de l'écran.

2 La navigation dans l'iBook Store utilise les mêmes principes que pour l'App Store. Avec une subtilité : pour chaque titre, vous pouvez obtenir un extrait et lire quelques pages gratuitement : il vous suffit de cliquer sur le bouton **Obtenir un extrait** ; le téléchargement commence aussitôt.

Via iTunes, vous pouvez ajouter à votre iPad des livres obtenus sur Internet, qu'ils soient vendus ou proposés gratuitement, au format ePub, à condition qu'ils soient distribués sans dispositif de protection contre la copie – ou DRM. Il vous suffit de glisser les fichiers correspondants sur la **Bibliothèque** de la barre latérale d'iTunes, sur votre Mac ou votre PC.

3 L'extrait téléchargé est alors ajouté aux rayonnages de votre bibliothèque virtuelle. Un bandeau rouge vous indique qu'il s'agit d'un extrait. Vous pouvez commencer la lecture.

Les livres électroniques achetés sur l'iBook Store sont protégés contre la copie avec le mécanisme de DRM d'Apple, FairPlay, à l'instar des applications et des films distribués par l'iTunes Store. Pas moyen, donc, de les revendre d'occasion ou d'en faire don à une bibliothèque de quartier... Néanmoins, vous pouvez les faire circuler dans le cercle familial : FairPlay permet de partager un même contenu numérique entre plusieurs iPod, iPhone et iPad. Sans limite s'ils sont configurés pour se synchroniser avec le même ordinateur, ou dans la limite de cinq ordinateurs autorisés par l'utilisateur du compte iTunes qui sert pour l'achat des contenus.

Lancez-vous dans la lecture

Votre premier livre – ou extrait – téléchargé, vous pouvez vous lancer dans la lecture :

- Passez d'une page à une autre en « feuilletant » le livre ou en appuyant sur le bord droit (ou gauche, pour revenir en arrière) de l'écran. Vous pouvez également aller plus vite à une page précise en utilisant la glissière de navigation en bas de l'écran.

- Appuyez sur le bouton **Bibliothèque** pour revenir à vos rayonnages.

iBooks supporte également les fichiers au format PDF. Sur iPad, pour passer des livres aux fichiers PDF, appuyez sur le bouton **Collections**, en haut à gauche de l'écran de la bibliothèque : la liste des collections est alors affichée et vous pouvez choisir entre PDF et Livres. Accessoirement, vous pouvez également créer de nouvelles collections afin de structurer une bibliothèque virtuelle débordante.

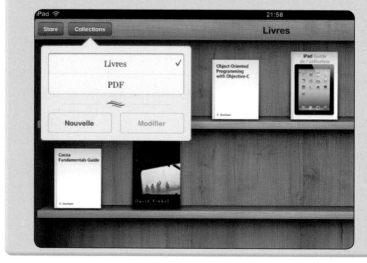

- Appuyez sur le bouton situé à droite du bouton **Bibliothèque** pour accéder au sommaire – vous pourrez revenir directement à la page que vous êtes en train de lire *via* le marque-page **Revenir**, en haut à droite de l'écran.

Pensez à égrainer non pas les cornes mais les marque-pages : tapotez deux fois sur un mot puis appuyez sur le bouton **Signets**. La référence apparaît alors surlignée en jaune. Accédez au sommaire puis appuyez sur le bouton **Signets** pour retrouver toutes vos marques. Mieux : iBooks peut synchroniser automatiquement les signets de vos livres entre plusieurs appareils iOS ; un iPhone utilisé pour lire dans le métro et un iPad à la maison, par exemple.

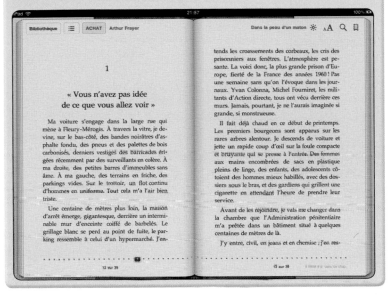

● Ajustez la taille du texte à l'aide du bouton **AA**.

● Ajustez l'intensité du rétroéclairage avec la glissière *ad hoc* accessible *via* l'icône représentant un soleil.

Si vous appréciez la lecture de textes en anglais mais que vous butiez de temps à autre sur certains mots, faites appel au dictionnaire : tapotez deux fois rapidement sur le mot qui vous pose problème puis appuyez sur le bouton **Dictionnaire**. Une bulle en surimpression vous fournira, en anglais, la définition du terme visé.

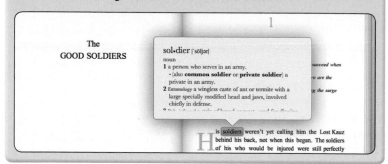

iBooks intègre enfin un moteur de recherche, pour retrouver rapidement un mot, ou une séquence de mots dans un livre. Une fonction particulièrement utile pour les ouvrages techniques :

- Pour lancer une recherche, appuyez sur la loupe, en haut à droite de l'écran. Tapez votre texte puis validez.

- Ou bien tapotez rapidement deux fois sur un mot pour le sélectionner et appuyez sur le bouton **Rechercher**.

Vous n'êtes pas obligé d'emporter systématiquement toute votre bibliothèque dans la mémoire de votre iPad. Avec iTunes, sélectionnez votre iPad dans la colonne latérale puis activez l'onglet **Livres**. Là, vous pouvez sélectionner les livres que vous souhaitez avoir avec vous.

Les occurrences du mot recherché s'affichent aussitôt dans une petite fenêtre : vous pouvez appuyer sur l'une d'elles pour accéder immédiatement à la page correspondante. Ou bien lancer une recherche sur Google ou Wikipedia à l'aide des boutons *ad hoc*. Mais vous quitterez alors iBooks au profit de Safari.

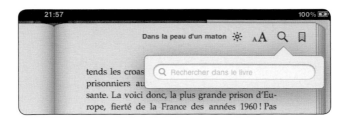

Essayez Kindle, avec Amazon

Kindle, c'est l'offre de livres électroniques d'Amazon. Elle est accessible sur l'iPad grâce à l'application gratuite éponyme. Pour l'essentiel, cette application présente le même fonctionnement qu'iBooks. À quelques détails près. Tout d'abord, la sélection d'un mot dans un texte permet de surligner et d'annoter : un peu comme dans un livre classique.

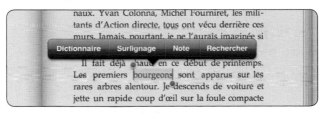

Surtout, Kindle se passe volontiers d'iTunes : les ouvrages ne transitent jamais par votre ordinateur personnel ; les achats – ou l'acquisition d'extraits – se font sur le site Web d'Amazon ; l'application Kindle se charge automatiquement de se synchroniser avec les données présentes sur les serveurs du distributeur.

Le véritable bémol, c'est l'absence d'ouvrages en français. Le service Kindle ne s'adresse qu'au marché nord-américain, quand bien même il est totalement accessible avec un compte Amazon.fr… Simplement, la boutique Kindle se trouve sur le site Amazon.com.

À découvrir, donc, pour les anglophiles.

> La littérature française a plus d'attrait pour vous ? Essayez l'application Fnac Book : elle vous donnera accès à la bibliothèque numérique de l'agitateur autoproclamé.

Passez à GoodReader pour lire vos PDF

De nombreux documents sont aujourd'hui diffusés en PDF. S'il est possible de les lire directement dans Mail, cela ne vaut que pour ceux obtenus par courrier électronique, pas pour ceux téléchargés directement sur le Web. Pour tous ces documents, GoodReader représente une solution intéressante.

Vendu 2,39 euros sur l'App Store, GoodReader présente, de prime abord, une interface relativement austère. En orientation paysage, la fenêtre principale se divise en deux parties : une liste de fichiers stockés, à gauche, et une série d'outils, à droite, permettant de gérer ces fichiers – pour en supprimer ou les organiser en dossiers, par exemple –, d'obtenir un aperçu du fichier sélectionné, de lancer une recherche ou encore, et c'est probablement là le plus intéressant, d'en télécharger.

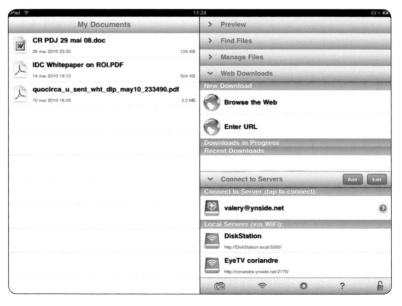

En effet, GoodReader permet à tout moment de télécharger un fichier PDF stocké dans des pièces jointes de message électronique, un iDisk du service MobileMe, Google Docs, Dropbox, box.net, ou même tout serveur de fichiers WebDAV et FTP. Le logiciel intègre même son propre serveur Web pour permettre un téléversement rapide dans la mémoire de l'iPad. Bref, une solution on ne peut plus complète, dont il est possible de profiter pleinement en dehors de toute synchronisation avec iTunes.

> Pensez « utile » avec GoodReader. Ce logiciel s'avère très pratique pour emporter avec soi des documents numériques utiles en cas de mobilité : copies de papiers administratifs, carte d'embarquement, confirmation de réservation hôtelière, *etc.*

Commencez la lecture

Une fois que vous ajouté à GoodReader vos premiers fichiers PDF, *via* iTunes (voir chapitre 6), vous pouvez commencer la lecture :

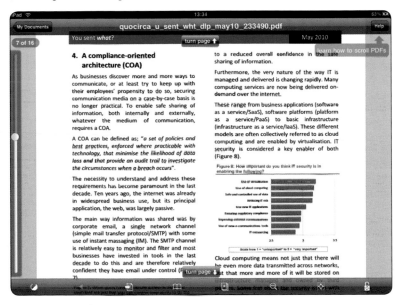

Dans la liste de vos documents, sélectionnez celui que vous voulez consulter : il apparaît aussitôt. En cours de lecture, appuyez sur l'écran, vers son milieu, pour afficher les barres de contrôle. Pour parcourir un document, vous avez trois options :

- Utilisez la glissière latérale pour un survol rapide.

- Appuyez en haut ou en bas de l'écran pour passer d'une page à une autre.

- Utilisez le cinquième bouton en partant de la gauche pour indiquer un numéro de page à atteindre rapidement.

- Utilisez la loupe pour lancer une recherche.

- Revenez à la liste de vos documents en appuyant sur le bouton **My Documents**.

Bien sûr, en cours de lecture, pensez à ajuster l'intensité du rétroéclairage de l'écran, pour votre confort, à l'aide du premier bouton de la barre d'outils.

> Lors d'un défilement vertical, un fichier PDF peut avoir tendance à *flotter* : involontairement, il est possible que vous le fassiez bouger vers la gauche ou la droite, perdant ainsi le centrage que vous aviez réglé. Utilisez le deuxième bouton en partant de la droite de la barre d'outils pour interdire le défilement horizontal.

Associez GoodReader à un compte Dropbox

Le service Dropbox s'apparente à une sorte de clé USB sur Internet. Il est gratuit et sa capacité peut atteindre 2 Go, bien suffisants pour de nombreux documents PDF. Surtout, le service Dropbox s'accompagne d'un logiciel (pour Mac et PC) qui permet de l'utiliser comme un simple disque externe connecté à son ordinateur personnel. Dès lors, vous pouvez y copier, par simple glisser-déposer, tous les documents que vous voulez.

En outre, GoodReader pourra se connecter à Dropbox pour récupérer des fichiers et vous les rendre accessibles sur votre iPad. Ce logiciel supporte les fichiers PDF, Microsoft Office, iWork, et même l'audio, la vidéo, les photos ou encore les archives Web de Safari...

Voici comment configurer rapidement GoodReader pour en profiter avec Dropbox :

 Ouvrez l'application GoodReader puis appuyez sur **Connect to Servers** dans la partie droite de l'écran.

2 Appuyez sur le bouton **Add** (*Ajouter*).

3 Dans la liste, sélectionnez **Dropbox**.

4 Indiquez votre nom d'utilisateur Dropbox dans le champ **User** et votre mot de passe dans le champ **Password**.

5 Appuyez sur le bouton **Add**. Vous avez fini !

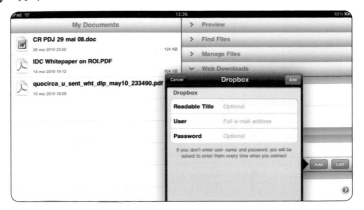

Désormais, votre compte Dropbox apparaît dans la liste de la section **Connect to Servers**. Pour y accéder et récupérer un document, procédez ainsi :

1 Appuyez sur votre compte Dropbox dans la section **Connect to Servers** dans la partie droite de l'écran.

2 Parcourez votre espace de stockage Dropbox dans la palette flottante qui apparaît.

3 Sélectionnez un fichier : le téléchargement comment aussitôt. Appuyez sur **OK** au message d'avertissement.

4 Lorsque vous avez fini, appuyez sur **Close**. Voilà : vous pouvez lire votre fichier.

Et si vous bulliez un peu ?

La bande dessinée n'est pas oubliée par l'iPad – et encore moins par ses utilisateurs ; beaucoup d'entre eux ne cachent pas leur espoir de pouvoir l'utiliser pour lire leurs bandes dessinées préférées. À l'heure où sont écrites ces lignes, Ave!Comics est la seule application française permettant d'acheter des bandes dessinées sur l'iPad. Elle est simple d'usage – quoiqu'un peu lente – et donne accès à un catalogue de 300 bandes dessinées.

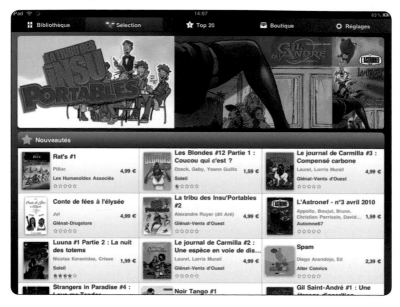

En attendant l'élargissement de l'offre, certains adeptes de la bande dessinée – courageux – se tournent vers l'application gratuite CloudReaders : elle supporte les fichiers PDF, CBZ, CBR, Zip et RAR que ces adeptes auront produits en numérisant laborieusement leurs propres bandes dessinées. Ils ont du mérite, ce doit être fastidieux.

Chapitre 12

Profitez de votre musique en tous lieux

Cela ne vous a peut-être pas sauté aux yeux, mais votre iPad est aussi un iPod. Certes, l'iPad affiche une belle taille pour un iPod. Et si vous n'imaginez guère faire votre jogging avec lui (à moins d'emporter un sac à dos…), il se fera tout de même un plaisir de vous permettre d'écouter vos morceaux de musique préférés pendant que vous lisez un roman ou consultez vos sites Web préférés.

Mais la musique, sur iPad, ne se limite pas à vos morceaux de musique… Vous pouvez également écouter des radios diffusées sur Internet. Et plus encore.

Dans ce chapitre

● Découvrez l'iPod qui se cache dans votre iPad

● Choisissez les morceaux à transférer

● Profitez des listes de lecture

● Réglez votre iPod

● Coupez le cordon

● Laissez-vous surprendre !

● Écoutez la radio *via* Internet

Découvrez l'iPod qui se cache dans votre iPad

L'application iPod de l'iPad va inévitablement vous rappeler, au moins dans ses grands principes, l'application iTunes de votre ordinateur personnel.

En haut, une barre d'outils rassemble l'essentiel des commandes relatives à la lecture de morceaux musicaux avec, de gauche à droite :

- la glissière d'ajustement du volume ;

- les boutons de retour rapide, lecture/pause et avance rapide, juste au-dessus de la glissière de balayage rapide du morceau en cours de lecture ;

- un champ de recherche pour lancer une recherche sur l'ensemble de la discothèque embarquée dans votre iPad.

Tout en bas de l'écran, l'application iPod intègre une seconde barre d'outils avec, toujours de gauche à droite :

- le bouton + pour créer une nouvelle liste de lecture ;

- le bouton **Genius**, pour créer une liste de liste de manière semi-automatique, à partir d'un morceau sélectionné ;

- des boutons qui vous permettent d'ajuster l'affichage de la liste des morceaux de votre discothèque.

L'espace principal de l'écran est quant à lui divisé en trois parties :

- Une colonne, sur la gauche, pour naviguer parmi vos listes de lecture, vos podcasts, vos livres audio et votre discothèque complète. La partie inférieure de cette colonne est là pour afficher la pochette de l'album du morceau en cours d'écoute.

- Le reste de l'écran est dédié à vos musiques, présentées soit sous la forme d'une liste de morceaux ou d'artistes, soit par pochettes d'albums, par genres ou par compositeurs.

La présentation en pochettes d'albums est probablement la plus agréable visuellement. Si vous appuyez sur l'illustration d'un album, une petite palette en surimpression surgit pour vous proposer la liste de ses morceaux : appuyez sur l'un deux pour lancer aussitôt la lecture.

Vous n'avez pas envie de chercher l'application iPod parmi les différents écrans d'accueil de votre iPad ? Souvenez-vous : les contrôles de lecture audio sont accessibles en permanence *via* les fonctions multitâches d'iOS. Pour les retrouver, appuyez deux fois rapidement sur le bouton principal : le tiroir des applications ouvertes apparaît alors ; faites-le glisser vers la droite pour accéder aux fonctions de contrôle de lecture audio. Si aucune application n'est en train de diffuser de la musique – ou s'il s'agit de l'application iPod –, vous verrez aussitôt l'application iPod.

> Vous voulez plus que simplement écouter de la musique ? Explorez la catégorie **Musique** de l'App Store d'Apple. Vous y trouverez des applications pour mixer en soirée, d'autres pour composer et même d'autres encore pour jouer à plusieurs et accorder votre guitare…

> Non, l'application iPod ne propose pas de bouton « Stop » pour arrêter la lecture : pour interrompre la lecture en cours, appuyez simplement sur le bouton Pause. Pourquoi cela ? Tout simplement parce que le bouton Stop est l'héritage d'une époque où la lecture de morceaux de musique impliquait la mise en mouvement et l'arrêt d'éléments mécaniques. Avec la musique numérique, ce n'est plus le cas. Il n'y a donc plus rien à arrêter : la lecture est suspendue puis reprise, là où on l'a laissée ou ailleurs, en choisissant un autre morceau, par exemple.

Les commandes en cours de lecture

En cours de lecture, vous pouvez choisir, à tout moment, entre l'affichage à la mode iTunes et un affichage plein écran façon iPod : pour passer du premier au second, sur iPad, appuyez simplement sur l'illustration du morceau en cours de lecture, en bas de la colonne de gauche. Là, appuyez sur l'écran pour accéder – ou cacher, alternativement – les commandes de lecture :

- Le cadre supérieur reprend les commandes de la barre d'outils supérieure de l'application iPod avec le contrôle de volume, le nom de l'artiste, le titre du morceau, celui de l'album, les boutons Précédent, Pause/Lecture, Suivant, et la glissière de balayage. Laquelle s'enrichit au passage, sur sa gauche, d'un bouton de lecture en boucle et, sur sa droite, d'une commande de lecture aléatoire.

- Le bandeau inférieur propose d'abord, à son extrémité gauche, un bouton qui permet de revenir à l'affichage principal, puis, au milieu, le bouton d'activation de la fonction Genius (voir plus loin), et, enfin, le bouton pour accéder rapidement à la liste des morceaux de l'album ou de la liste de lecture en cours.

Lancer l'application iPod pour accéder aux contrôles de lecture ? Inutile. Le tiroir du multitâche est bien sûr là pour vous offrir un accès rapide aux principales commandes. Mais vous pouvez contrôler la lecture alors même que l'écran de votre terminal iOS est encore verrouillé : allumez l'écran si nécessaire puis appuyez deux fois rapidement sur le bouton principal pour faire apparaître les commandes de lecture. N'oubliez pas non plus que la lecture se met en pause automatiquement lorsque vous recevez ou passez un appel FaceTime. Enfin, vous pouvez la suspendre/relancer vous-même à partir du bouton de prise de ligne d'un kit mains libres.

Choisissez les morceaux à transférer

Pour disposer d'une information détaillée sur le contenu de votre appareil iOS, cliquez sur le triangle à gauche de son nom dans la barre latérale d'iTunes : vous accéderez alors au contenu détaillé de la mémoire de l'appareil.

iTunes vous permet de choisir les contenus multimédias à transférer dans votre iPad, iPhone ou iPod Touch : cette opération s'effectue à partir des onglets en haut du cadre principal de la fenêtre d'iTunes. La sélection des contenus à synchroniser est détaillée dans les paragraphes suivants. Une fois votre sélection terminée, cliquez sur le bouton **Synchroniser**.

Pour sélectionner les fichiers musicaux à copier sur votre iPad :

1 Activez l'onglet **Musique**.

2 Cochez la case **Synchroniser la musique**.

3 Plusieurs options s'offrent à vous :

- Validez l'option **Toute la bibliothèque musicale** si vous voulez copier toute votre discothèque sur votre iPhone, iPad ou iPod Touch.

- Validez l'option **Listes de lecture, artistes et genres sélectionnés** si vous voulez limiter la copie à une ou plusieurs listes de lecture. Dans la liste, cochez les cases à gauche des listes de lecture à copier.

4 Cochez la case **Inclure les clips vidéo musicaux** si vous souhaitez copier vos vidéo-clips.

5 Cochez la case **Remplir automatiquement l'espace libre avec des morceaux** si vous souhaitez laisser iTunes choisir aléatoirement des morceaux afin de remplir complètement l'espace libre de la mémoire de votre appareil iOS.

6 Cliquez sur le bouton **Appliquer**.

> Pour éviter de saturer la mémoire de l'iPad – et empêcher, du coup, la synchronisation de tous les contenus souhaités –, créez dans iTunes une ou plusieurs listes de lecture dédiées à votre iPad et ne synchronisez qu'elles.

Pour sélectionner les podcasts, audio comme vidéo, à copier sur l'iPad :

1 Activez l'onglet **Podcasts**.

2 Cochez les cases **Synchroniser les podcasts** et **Inclure automatiquement**.

3 Plusieurs options s'offrent à vous :

- Déroulez la liste **Inclure automatiquement** et sélectionnez le type et le nombre d'épisodes que vous voulez voir synchronisés automatiquement sur votre iPad, iPhone ou iPod Touch.

- Déroulez la liste **épisodes** pour choisir les podcasts auxquels doit s'appliquer le réglage précédent.

- Selon les options choisies, cochez les cases à côté des podcasts et des épisodes que vous voulez copier sur votre appareil iOS.

4 Cliquez sur le bouton **Appliquer**.

La synchronisation commence aussitôt. Attention : l'opération peut être longue, en particulier la première fois !

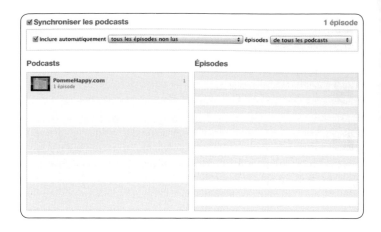

Profitez des listes de lecture

L'application iPod de l'iPad et de l'iPhone vous permet de créer directement vos listes de lecture sur votre appareil, à partir des morceaux qu'il embarque. Et il en va de même de l'application Musique de l'iPod Touch. L'opération est très simple :

1 Sur iPad, appuyez sur le bouton + en bas à gauche de l'écran.

2 Nommez votre nouvelle liste de lecture dans le champ *ad hoc* puis appuyez sur **Enregistrer**.

3 La liste de l'ensemble des morceaux disponibles s'affiche alors. Appuyez sur le bouton + à l'extrémité droite de la ligne de chaque morceau à ajouter à votre liste de lecture.

4 Lorsque vous avez fini, appuyez sur le bouton **OK**. Mais, contrairement à ce que vous pourriez penser, ce n'est pas complètement fini : vous voilà dans l'interface de modification des listes de lecture.

5 Si vous considérez que votre liste de lecture est effectivement finalisée, appuyez sur **OK**, sur iPad, ou sur le bouton **Listes**, sur iPhone et iPod Touch. Sinon, appuyez sur **Nouveaux morceaux**, sur iPad – **Modifier**, sur iPhone et iPod Touch – pour revenir à la liste des morceaux disponibles et procéder à de nouveaux ajouts. Vous pouvez également supprimer des morceaux d'une liste de lecture en appuyant sur le bouton – (moins) à l'extrémité gauche de la ligne correspondant au morceau à retirer de la liste. Enfin, vous pouvez tout simplement supprimer la liste en appuyant sur le bouton – affiché à gauche de son nom, dans la colonne latérale. Vous validerez en appuyant sur **Supprimer**, deux fois de suite.

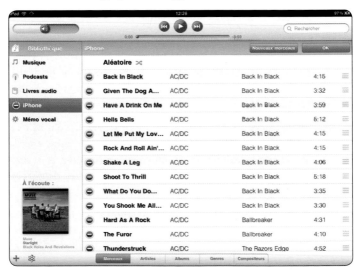

Vous pouvez mélanger morceaux de musique, livres audio et podcasts : appuyez sur le bouton **Sources** pour afficher les sources de morceaux disponibles et choisir ceux à ajouter à votre liste de lecture.

Réglez votre iPod

L'application **Réglages** propose quelques options relatives à l'application iPod, dans la section du même nom. Certaines ne manquent pas d'utilité :

- Égaliseur de volume : si vous activez cette option, l'application iPod ajustera automatiquement le volume sonore de chaque morceau pour éviter certains désagréments, comme le passage d'un morceau diffusé très fort à un morceau diffusé tout bas.

- Égaliseur : là, vous pouvez choisir entre différents profils d'amplification/atténuation du son, selon plusieurs plages de fréquences. Malheureusement, il n'est pas possible de construire manuellement un profil d'égalisation personnalisé, comme avec iTunes sur votre ordinateur personnel, par exemple.

- Volume maximum : avec cette option, ajustez le volume maximal de diffusion sonore avec la glissière *ad hoc*. Appuyez ensuite sur le bouton **Verrouiller le volume maximum** pour enregistrer ce réglage. Voyez cette option comme un garde-fou pour la protection de vos oreilles…

- Paroles et infos sur le podcast : cette option demande à l'application iPod d'afficher les éléments d'informations qui sont susceptibles d'être associés à un podcast.

Coupez le cordon

Transférer des morceaux de musique sur son iPad suppose de choisir... Pas facile pour beaucoup. L'application mSpot (gratuite), associée au service du même nom, vous épargne de choisir – du moins pour les deux premiers gigaoctets gratuits.

Le concept est simple : transférez sur les serveurs de mSpot les morceaux dont vous souhaitez pouvoir profiter sur votre iPhone, iPad ou iPod Touch sans avoir à les y copier par synchronisation. Lancez ensuite l'application mSpot sur votre appareil iOS et identifiez-vous avec les informations que vous aurez utilisées pour créer votre compte sur le site Web de mSpot. Et voilà ! La liste de vos morceaux apparaît selon une présentation qui renvoie aux applications iPod et Musique : vous pouvez lancer la lecture à tout moment ; une lecture qui se fera *via* Internet et votre connexion Wi-Fi ou 3G. Simple, très orienté *Cloud*, et efficace.

Notez que les constructeurs de systèmes de stockage informatique en réseau (NAS) tels que QNAP et Synology, pour ne citer qu'eux, proposent des applications iOS (QMobile pour le premier ; DSaudio pour le second) qui permettent de profiter à distance, *via* Internet, de morceaux de musique stockés sur un NAS de la marque, sur une connexion Wi-Fi ou 3G.

Laissez-vous surprendre !

Vous voulez redécouvrir votre discothèque ? La fonction Genius est faite pour vous. Pour faire simple, cette fonction cache un moteur d'analyse et de recherche permettant à l'application iPod – ou Musique, sur iPod Touch –, à partir d'un morceau, de vous proposer aléatoirement d'autres morceaux susceptibles de vous plaire. La mise en œuvre ne nécessite aucune compétence particulière :

1 Sélectionnez un morceau dans votre discothèque puis appuyez sur le bouton Genius, en bas à gauche de l'écran, juste à la droite du bouton +, sur iPad, ou sous la barre de titre de l'écran de lecture présentant la pochette d'album, sur iPhone et iPod Touch.

2 Genius se met immédiatement en route et, au bout de quelques secondes, vous propose une liste de lecture.

Vous pouvez profiter immédiatement de votre liste de lecture Genius. Mais également la modifier : sélectionnez un autre morceau dans la liste construite par Genius puis appuyez sur le bouton **Actualiser** ; Genius vous compose aussitôt une nouvelle liste de lecture… magique, n'est-ce pas ?

Enfin, vous pouvez enregistrer chaque liste de lecture Genius comme une liste de lecture classique, *via* le bouton **Enregistrer**.

Prolongez la découverte

Vous avez l'habitude d'écouter la radio ? Vous ne pouvez pas passer à côté de cette incontournable application pour iOS appelée Shazam qui, à partir d'un rapide enregistrement *via* le micro de l'appareil, sait retrouver le morceau que vous êtes en train d'écouter et vous propose de l'acheter sur l'iTunes Store. Intéressant, n'est-ce pas ?

Cette application existe pour iPad, iPhone et iPod Touch. Elle est gratuite. Accessoirement, elle vous propose une sorte de Top 50 des morceaux les plus recherchés par ses utilisateurs. Pratique pour faire des découvertes.

Mais Shazam est concurrencé par SoundHound. Cette application payante – environ 4 euros – offre les mêmes fonctions que Shazam et… bien plus. Au menu : paroles des chansons, vidéo-clips associés diffusés sur YouTube, contrôle direct des fonctions iPod de l'iPad… difficile de faire plus complet. À essayer d'urgence.

Et puis il y a Ping, le réseau social de l'iTunes Store. Vous y accédez à partir de l'application iTunes, *via* le bouton **Ping**. Là, tous vos achats sont enregistrés et partagés avec vos amis. Vous pouvez également suivre de parfaits inconnus tout en vous enrichissant de leurs choix musicaux pour faire des découvertes et… acheter directement de nouveaux morceaux de musique sur l'iTunes Store.

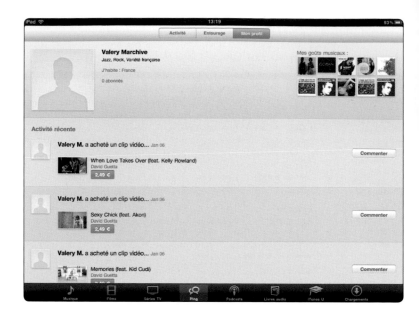

Écoutez la radio *via* Internet

Depuis l'arrivée du multitâche dans iOS, avec sa version 4, écouter la radio sur un iPad présente un réel intérêt : l'application peut continuer de fonctionner alors même qu'une autre est sollicitée au premier plan ; le son de la radio continue d'être diffusé.

De nombreuses radios françaises disposent de leur propre application pour iOS : celles du groupe Radio France, Radio Classique, RMC, Nova, Virgin Radio, le groupe NRJ, Radio FG, Jazz Radio, MFM, Fun Radio, BFM, Rire & Chansons, *etc*. Et il y a aussi les applications pour accéder aux flux de différentes radios, à commencer celle d'Orange, LiveRadio, qui n'est pas réservée aux abonnés de l'opérateur mobile.

Enfin, il y a le désormais incontournable Deezer HD. Cette application permet, gratuitement, d'écouter en illimité plus de 30 radios thématiques. Mais aussi de profiter de la *smartradio*, une radio virtuelle qui diffuse des morceaux choisis informatiquement suivant vos habitudes musicales. L'écoute de morceaux individuels – au-delà de 30 secondes – nécessite néanmoins la souscription d'un abonnement.

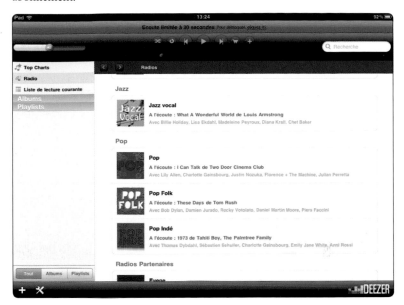

Vous vous souvenez du tiroir utilisé pour accéder aux applications ouvertes en multitâche ? Lorsqu'une application radio fonctionne en tâche de fond, vous pouvez, *via* ce tiroir, accéder aux fonctions de pause/lecture et de réglage du volume. Pour l'application iPod, nous l'avons vu plus haut. Mais lorsqu'il s'agit d'une autre application qui diffuse de la musique, ces commandes s'appliquent non plus à l'application iPod, mais à celle qui monopolise les circuits électriques de restitution audio de votre appareil iOS.

Chapitre 13

Détendez-vous avec la vidéo

L'iPad est aussi un lecteur vidéo. Pour certains, ce sera peut-être même « surtout » cela. En tout cas, son écran plutôt bien contrasté et très bien défini le destine clairement à la lecture de vidéos en déplacement – jusque sur la banquette arrière d'une voiture. Avec un bémol, cependant : un écran peu adapté aux scènes sombres dans un environnement très éclairé.

Dans la plupart des situations, regarder ses vidéos sur un iPad n'en est pas moins très agréable. Des vidéos que vous aurez ajoutées vous-même à iTunes après conversion, ou même achetées ou louées sur l'iTunes Store.

Mais la vidéo, c'est aussi un écosystème à la richesse extraordinaire : YouTube, ou DailyMotion, pour ne citer qu'eux. Leurs applications sont extrêmement agréables à utiliser. Et les vidéos, en diffusion HD, sont souvent superbes.

Dans ce chapitre

- Regardez vos vidéos
- Alimentez votre baladeur
- Réglez le lecteur vidéo
- Branchez-vous sur le Web !
- Profitez de vos vidéos… sans fil

Regardez vos vidéos

Ne cherchez pas vos vidéos dans l'application iPod : elles ont leur propre application dédiée, peut-être pour en faciliter l'accès…

Dès son lancement, l'application Vidéos vous accueille avec la liste des vidéos disponibles sur votre appareil.

En haut de cette liste, vous pouvez choisir parmi les vidéos dont vous êtes dépositaire perpétuel ou simple locataire. Pour lancer la lecture, commencez par appuyer sur l'affiche du film : vous accédez à la fiche du film, avec le résumé de l'histoire, les noms des acteurs et ceux des producteurs.

> Dans sa barre d'outils, en haut de l'écran, l'application Vidéos vous indique le temps qu'il vous reste pour entamer le visionnage de votre film en location. Sous son titre, un logo HD vous précise, le cas échéant, que la vidéo en question est enregistrée en haute définition – jusqu'à 1280 × 720 pixels.

Pour commencer la lecture, vous avez deux possibilités :

- Appuyez directement sur le bouton de lecture.

- Appuyez sur le bouton **Chapitres** puis sur le chapitre à partir duquel vous voulez commencer votre visionnage.

Dans tous les cas, la lecture commence aussitôt et vous pouvez profiter de votre vidéo.

Rassurez-vous : vous n'avez pas besoin de choisir un chapitre chaque fois que vous recommencez à lire une vidéo… L'application mémorise l'endroit où vous avez arrêté la lecture et la reprend automatiquement quelques secondes avant, lorsque vous lancez simplement la lecture.

Contrôlez la lecture

Le lecteur vidéo, en lui-même, offre une interface graphique résolument minimaliste, avec un bandeau de commandes en haut de l'écran et une palette de contrôles, en bas :

- Le bouton **OK** permet de revenir à la fiche du film.

- La glissière de balayage vous permet d'avancer ou de reculer rapidement dans la vidéo – la durée de lecture restante est affichée à l'extrémité droite de la glissière.

- Le bouton, en haut à droite de l'écran en orientation paysage, permet de forcer l'affichage en plein écran. Il n'est pas accessible en orientation portrait.

> Avez-vous vraiment envie de passer la vidéo en plein écran ? Pensez-y une seconde : alors que le monde de la vidéo personnelle a mis des années à généraliser le format 16/9, l'iPad embarque un écran… 4/3. Pas de quoi pavoiser, non ?

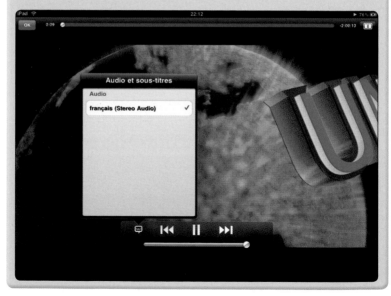

Le bandeau de commandes inférieur propose quelques fonctions essentielles :

- Avance et retour rapide (en maintenant son doigt appuyé ; sinon, les deux boutons agissent comme des commandes de passage d'un chapitre à l'autre).

- Lecture/Pause.

- La glissière permet d'ajuster le volume sonore.

- La « bulle » à l'extrémité gauche vous donne accès aux différentes pistes audio et aux sous-titres, s'ils sont disponibles – *via* une petite fenêtre en surimpression.

Voilà, vous savez l'essentiel. Et si vous preniez le temps de vous faire une toile, avant de passer aux pages suivantes ?

> Les panneaux de commandes disparaissent automatiquement au bout de quelques secondes de lecture. Vous pouvez les faire resurgir d'un simple *tapoti* sur l'écran.

Alimentez votre baladeur

Comment nourrir votre iPad en vidéos ? Deux options sont possibles : convertir et ajouter vos vidéos personnelles à iTunes avant de les transférer, ou acheter – voire louer – directement des vidéos *via* l'application iTunes de votre iPad (ou de votre ordinateur personnel).

Passez par l'iTunes Store

Acheter ou louer une vidéo sur l'iTunes Store est on ne peut plus facile. C'est en outre une garantie de lecture : là, pas de souci d'encodage, de codec, et trucs techniques… vos vidéos seront lues par votre iPad, votre iPhone et votre iPod Touch, y compris en haute définition.

C'est l'application iTunes qui vous ouvre les portes de l'iTunes Store. Les vidéos y sont notamment rangées sous les rubriques Films, Séries TV et Clips vidéo.

La méthode est simple : sélectionnez une vidéo, appuyez sur le bouton **Louer le film** ou **Acheter le film**, indiquez, le cas échéant, le mot de passe de votre compte iTunes et zou ! Le téléchargement commence.

Le bémol principal, c'est que ce téléchargement peut durer longtemps : comptez une demi-heure pour un film en haute définition, même avec une excellente connexion ADSL.

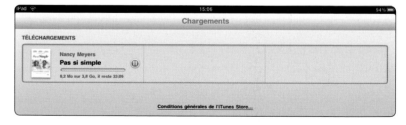

Mais il y a des bons côtés… Les films achetés en HD peuvent également, et sans surcoût, être téléchargés en basse définition – pour une lecture sur un iPod Touch ou un iPhone d'ancienne génération, par exemple. Et chaque achat peut être exploité sur tous les « ipériphériques » synchronisés avec votre ordinateur personnel – ainsi que ceux synchronisés avec un maximum de cinq ordinateurs personnels ; parfait pour le partage en famille.

Ça, c'est pour toutes les vidéos. Pour les séries, il y a un autre petit bonus : si vous vous abonnez pour une saison entière, iTunes vous prévient dès qu'un nouvel épisode est disponible pour le téléchargement. Vous ne risquez pas de manquer vos séries préférées.

Directement depuis l'application iTunes, vous pouvez acheter ou louer des vidéos sur l'iTunes Store. Surtout, évitez de le faire si vous êtes pressé : le téléchargement est bien plus lent que sur un Mac ou un PC, la faute à une interface Wi-Fi au débit bien inférieur à celui d'un ordinateur personnel ou même à celui de son port Ethernet. Bref, si, avec une connexion ADSL de bonne qualité, le téléchargement d'un film peut se compter en minutes sur Mac ou PC, sur iPad, il a de grandes chances de se compter en… heures.

Faites appel à vos ressources

Mais il n'y a pas que l'iTunes Store, dans la vie ! Il y a aussi les DVD dépourvus de protection contre la copie, ou encore vos vidéos personnelles.

Pour pouvoir en profiter sur votre « ibidule », vous devez les encoder – avec QuickTime Player X ou HandBrake, par exemple – au format H.264, jusqu'à la résolution HD 720p en 30 images par seconde, ou MPEG-4 640 × 480 à 2,5 Mbps, voire M-JPEG 1 280 × 720, 35 Mbps et 30 images par seconde. Voilà qui donne un certain choix mais ne permet pas d'envisager les vidéos HD 1080p/i. La meilleure – et la seule validation – est encore iTunes : si ce logiciel, sur votre Mac ou votre PC, accepte d'ajouter à sa bibliothèque votre vidéo (un simple glisser-déposer), c'est qu'elle pourra être lue ! Sinon, recommencez. Mais pensez à utiliser les préréglages de QuickTime Player ou d'Handbrake ; ils vous épargneront les mauvaises surprises. Notez au passage que les derniers iPhone et iPod Touch embarquent le même processeur que l'iPad de première génération : ces trois appareils disposent de la même puissance de calcul et savent lire les vidéos en haute définition. Inutile, donc, de compresser vos vidéos spécifiquement pour l'un ou pour l'autre.

Si votre vidéothèque iTunes comprend des vidéos incompatibles avec votre appareil iPad, sélectionnez-les et déroulez le menu **Avancé** → **Convertir** pour demander à iTunes de recompresser ces vidéos pour votre tablette.

Cela fait, iTunes vous permet de choisir les vidéos à transférer dans votre iPad : cette opération s'effectue à partir des onglets en haut du cadre principal de la fenêtre d'iTunes. La sélection des contenus à synchroniser est détaillée dans les paragraphes suivants. Une fois votre sélection terminée, cliquez sur le bouton **Synchroniser**.

Pour sélectionner les vidéos à copier sur l'iPad, activez l'onglet **Films**.

1 Pour copier des films sur votre baladeur, cochez la case **Synchroniser les films** puis, dans la liste, cochez les cases qui correspondent aux films dont vous voulez pouvoir profiter en déplacement.

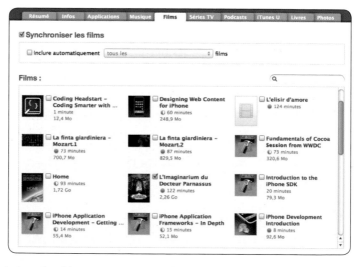

Les émissions de télévision sont traitées de manière un peu différente : cela se passe sous l'onglet **Séries TV**. Le processus rappelle celui qui s'applique aux podcasts :

1 Cochez la case **Synchroniser les séries TV** et **Inclure automatique-ment**.

2 Plusieurs options s'offrent à vous :

- Déroulez la liste **Inclure automatiquement** et sélectionnez le type et le nombre d'épisodes que vous voulez voir synchronisés automatiquement sur votre iPad.

- Déroulez la liste **épisodes** pour choisir les séries auxquelles doit s'appliquer le réglage précédent.

- Selon les options choisies, cochez les cases à côté des séries et des épisodes que vous voulez copier sur votre iPad.

3 Cliquez sur le bouton **Appliquer**.

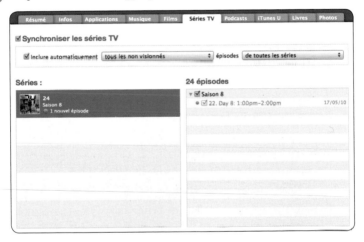

Dès que vous avez fini de regarder un film ou une émission de té-lévision, vous pouvez supprimer le fichier correspondant directe-ment depuis l'écran de votre iPad : appuyez longuement sur l'icône d'une vidéo pour qu'elle se mette à *vibrer* à la manière d'une application sur l'écran d'accueil. Une bulle, remplie d'une croix, en haut à gauche de l'il-lustration, vous permet d'indiquer les vidéos à supprimer. Vous libérez ainsi rapidement de la mémoire de stockage.

Réglez le lecteur vidéo

L'application Réglages propose quelques options relatives à l'application Vidéos, dans la section du même nom. Certaines vous seront utiles, en particulier si vous décidez de connecter votre iPad à un téléviseur :

- **Démarrer** : cette option vous permet de configurer le lecteur vidéo pour qu'il reprenne la lecture d'une vidéo là où vous l'aviez laissée – c'est le réglage par défaut – ou bien depuis son début.

- **Sous-titres codés** : certaines vidéos peuvent intégrer des sous-titres. Si vous souhaitez les afficher, activez cette option. Cela dit, ces vidéos sont rares, y compris parmi les films dont la langue d'origine est l'anglais et que vous pourrez trouver sur l'iTunes Store…

- **Écran large** : cette option vous concerne si vous connectez votre iPad à un téléviseur au format 16/9 et que vous souhaitiez en profiter pour regarder vos films. Apple propose des adaptateurs à cet effet – VGA, vidéo composite, composantes, et même HDMI.

- **Signal télévision** : là, encore, cette option vise les téléviseurs ; elle permet de choisir entre un signal analogique PAL ou NTSC. Elle ne concerne donc que ceux qui utilisent un adaptateur vidéo composite.

Branchez-vous sur le Web !

Faut-il encore présenter ces sites incontournables de partage de vidéos que sont YouTube et DailyMotion ? Tous deux proposent leur application pour iPad – la seconde doit être téléchargée, gratuitement, depuis l'App Store.

Vous préférez Vimeo ? Vous pouvez consulter ce site Web *via* Safari, le navigateur Web d'iOS : il diffuse ses vidéos en utilisant la technologie Flash, mais aussi HTML 5, qui est supporté par Safari. Du coup, même sans application spécifique, vous pouvez en profiter.

Dès son lancement, l'application YouTube vous propose une sélection de vidéos. Appuyez sur l'une d'elles et la lecture commence rapidement, en plein écran. Un mode d'affichage que vous pouvez quitter à tout moment – les contrôles sont standardisés, d'une application à l'autre, pour la lecture vidéo sur iOS – pour accéder à une présentation plus conforme à l'expérience Web.

Sur iPad, le bandeau de boutons inférieur vous donne accès au classement des vidéos les plus cotées, des plus populaires, de celles que vous avez signalées comme favorites – mais vous devez vous être enregistré avec un compte d'utilisateur YouTube auparavant–, des chaînes auxquelles vous êtes abonné, *etc*. Bref, toute l'expérience YouTube, façon Web, mise en boîte dans l'iPad. Pas de surprise, que du confort.

L'application DailyMotion répond à peu près à la même logique.

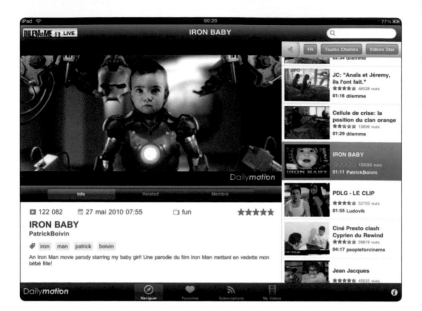

À une nuance près : les contenus. Très francophone, DailyMotion héberge et diffuse de nombreuses séries amateur françaises. Faites-vous plaisir, prenez le temps de la découverte !

Vous êtes cinéphile ? Pensez à essayer l'application Allocine pour iPad. Vous y retrouverez l'essentiel du contenu du site Web du même nom avec, en prime, un accès plus rapide aux extraits et bandes-annonces des films. Un régal.

Profitez de vos vidéos, sans fil

La synchronisation est-elle la seule solution pour regarder des vidéos sur iPad ? Non. Vous le verrez plus loin, il y a bien sûr les vidéos diffusées sur le Web. Mais il y a aussi l'application AirVideo (2,39 euros) et sa version gratuite, AirVideoFree. Celle-ci doit être à la fois installée sur votre iPad et sur votre PC ou votre Mac : sur votre iPad, l'application se connecte à votre ordinateur personnel, lequel envoie alors la vidéo choisie en flux continu à votre appareil iOS. C'est du *streaming*, comme avec YouTube ou DailyMotion, mais restreint cette fois-ci à vos vidéos ; celles qui sont sur votre ordinateur personnel.

> Vous voulez juste regarder la télévision sur votre iPad ? Pensez aux applications des chaînes de télévision elles-mêmes : Arte, France Télévisions, M6, BFM TV, W9, France 24…

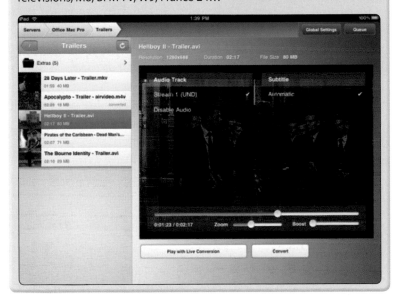

Mieux : les vidéos peuvent être converties à la volée, en temps réel, par votre ordinateur personnel ; du coup, vous pouvez accéder, sur votre iPad, à des vidéos .AVI ou .MKV, par exemple. Et pour ce travail de conversion, c'est vous, directement sur votre iPad, qui indiquez la qualité et la résolution voulues : vous pouvez ainsi les adapter à la rapidité de votre connexion à Internet.

Une autre solution existe pour regarder la télévision en déplacement sur votre iPad : EyeTV. Il est possible d'accéder, depuis votre terminal iPad, à l'application EyeTV que vous aurez installée chez vous, sur votre Mac, pour y recevoir la télévision par satellite ou TNT : c'est votre Mac qui va servir de relai pour envoyer les flux vidéo à votre iPad, *via* Internet. Le tout en adaptant le taux de compression en temps réel aux conditions de transmission en ligne. Accessoirement, vous pouvez déjà vous faire une première idée *via* une application Web fonctionnant sur le même principe et consultable à l'adresse `http://live3g.eyetv.com/`.

Chapitre 14

Faites bouger vos contenus multimédias

AirPlay est probablement l'une des fonctions les plus intéressantes d'iOS 4.2 et d'iTunes 10. Pour faire simple, disons que cette fonction permet d'envoyer musique, photo et vidéos pour les diffuser sur l'Apple TV à partir d'iTunes ou d'un iPad. Et pour l'audio, elle fonctionne également avec les bornes AirPort Express. Concrètement, en s'appuyant sur cette fonction, votre iPad n'est plus seulement un baladeur évolué, ni même une télécommande : c'est le cœur d'un écosystème multi-écran où vous pouvez indiquer à tout moment quel écran utiliser. Parfait, par exemple, pour partager une vidéo ou un album en famille. Ou encore cette vidéo sur YouTube, qui alimente le buzz depuis des jours et que vous voulez faire partager à des amis de passage.

AirPlay rappelle en cela les fonctions des systèmes Sonos – qui ont leur application sur l'App Store – et qui permettent de diffuser de la musique sur plusieurs appareils de la marque à la fois – la même ou un morceau différent par appareil, le tout *via* un unique point de commande. AirPlay rappelle aussi UPnP AV et son label DLNA qui autorise le partage de contenus multimédias entre appareils compatibles *via* le réseau, avec une petite restriction. Avec AirPlay, il n'est possible de diffuser que le contenu accessible sur l'appareil de commande. Alors qu'UPnP AV permet de contrôler à distance un serveur et un récepteur. Mais AirPlay devrait déjà satisfaire un grand nombre de vos besoins.

Dans ce chapitre

● Profitez d'AirPlay depuis votre iPad

● Accédez à vos contenus sans synchronisation

Profitez d'AirPlay depuis votre iPad

Le concept d'AirPlay est simple. Mais redoutablement efficace : sur votre iPad, vous consultez une vidéo ou écoutez un morceau de musique. Mais la chaîne hi-fi est là, tout à côté de vous, et il serait dommage de ne pas en profiter. Et puis cette vidéo, tout compte fait, pourrait bien intéresser votre famille ou vos amis, réunis là, au salon ? Plutôt que de faire tourner votre iPad, utilisez AirPlay pour « envoyer » votre musique sur la chaîne hi-fi, *via* une borne AirPort Express, ou sur le téléviseur, *via* une Apple TV. Et cela fonctionne aussi avec les photos. C'est tout simple, suivez le guide :

1 La vidéo que vous voulez regarder commence à se lire ou à se charger – pour une vidéo Internet. Appuyez sur le bouton représentant un rectangle avec une flèche pointant vers l'intérieur du rectangle, à l'extrémité droite des commandes de lecture.

2 C'est le bouton de commande d'AirPlay. Dès que vous appuyez dessus, une liste s'affiche pour vous proposer les différents terminaux de lecture (les récepteurs AirPlay) disponibles. Dans la liste, choisissez celui que vous voulez utiliser.

Voilà, c'est tout. Frustré ? On vous avait pourtant prévenu… c'est simple, très simple !

Accédez à vos contenus sans synchronisation

Le partage à domicile permet à votre iPad d'accéder aux contenus multimédias stockés dans iTunes sur un Mac ou un PC. Et c'est énorme.

1 La première chose à faire est d'activer la fonction de partage à domicile dans iTunes : déroulez le menu **Avancé** → **Activer le partage à domicile**.

2 Indiquez adresse e-mail et mot de passe dans les champs *ad-hoc*. Attention : il est nécessaire qu'ils correspondent à un identifiant Apple. En outre, vous devrez configurer de la même manière chaque iPad ou iPhone qui doit profiter du partage à domicile.

3 Cliquez sur le bouton **Créer un partage à domicile** puis sur **Terminé**.

Notez que la fonction de Partage à domicile d'iTunes vous permet également d'accéder aux contenus gérés par iTunes sur un autre Mac ou PC de votre réseau domestique et associé au même partage à domicile. D'y accéder pour lire des vidéos ou écouter des morceaux de musique directement sur votre ordinateur, à travers le réseau, mais aussi d'en copier !

Maintenant, vous devez activer le partage à domicile sur votre iPad. C'est simple et rapide :

1 Lancez l'application **Réglages** → **iPod**.

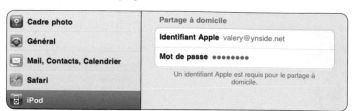

2 À la rubrique **Partage à domicile**, indiquez l'adresse e-mail et le mot de passe de votre compte iTunes Store utilisés précédemment dans iTunes pour activer le partage à domicile.

3 C'est tout ! Vous pouvez désormais en profiter.

Par exemple, dans l'application **Vidéos** de votre iPad, apparaissent désormais de nouveaux éléments à la rubrique **Partagé** : ce sont les bibliothèques iTunes du partage à domicile – il peut y en avoir plusieurs pour un même compte iTunes et sur un même réseau informatique local. Appuyez sur l'une d'elle et le téléchargement de la liste des fichiers vidéo commence aussitôt.

C'est sans surprise : vous retrouvez là films, séries TV, podcasts, *etc.*, présentés comme s'ils étaient stockés directement dans la mémoire de votre iPad. Explorez de la même manière l'application iPod : vous y trouverez également une rubrique **Partagés** qui vous permet de profiter, sans fil, des contenus audio d'un Mac ou d'un PC.

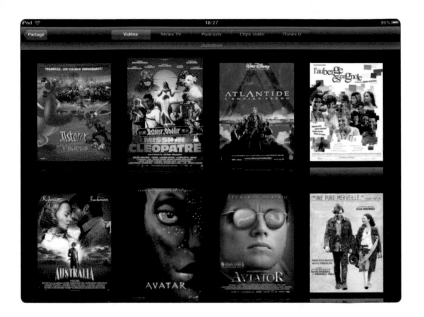

Chapitre 15

Profitez de vos photos numériques

Très contrastés, très lumineux, l'écran de l'iPad se prête bien à la consultation de photos, en solo ou à plusieurs, en famille, avec des amis… Apple a même prévu que l'iPad puisse être utilisé comme cadre photo !

La voie la plus naturelle, pour alimenter votre iPad en photos, c'est de passer par votre Mac ou votre PC. Mais Apple propose également un kit de connexion pour appareil photo numérique pour l'iPad. Des applications, distribuées sur l'App Store, permettent ensuite de retoucher les photos ainsi chargées. Mais avec l'iPad 2, vous pouvez également prendre vos propres photos !

Un ensemble qui ne manquera pas d'un intérêt certain pour les plus nomades – mais aussi les sédentaires pressés de partager rapidement leurs photos avec leurs proches –, et que vous découvrirez dans les pages qui suivent.

Dans ce chapitre

- Prenez des photos !
- Chargez vos photos
- Parcourez votre photothèque
- Partagez rapidement une photo
- Lancez un diaporama
- Utilisez votre iPad comme cadre photo
- Allez plus loin avec vos photos
- Pensez à transférer vos photos

Prenez des photos avec votre iPad

L'iPad est doté d'un capteur photo numérique. En toute logique, il vous permet de prendre des photos, associé à l'application Appareil photo.

Pour prendre votre première photo, lancez simplement cette application, cadrez, puis appuyez sur le bouton illustré d'une icône… d'appareil photo.

Mais il y a mieux. Remarquez ce petit cadre bleu clair qui apparaît ponctuellement à l'écran : c'est le cadre de l'autofocus. Dans une scène complexe, pour pouvez l'utiliser pour indiquer précisément à votre iPad où faire la mise au point. Pour cela, touchez simplement l'écran à l'endroit de l'image où vous voulez que l'application Appareil photo fasse la mise au point.

Remarquez au passage l'apparition d'une glissière, en bas de l'écran, bordée des signes + et –. C'est la glissière d'ajustement du zoom numérique : vous pouvez l'utiliser pour « zoomer » précisément sur une région de la scène à photographier. Notez bien qu'il s'agit d'un zoom numérique et non pas optique : plus l'agrandissement est important, plus le nombre de pixels de la photo est faible. Grosso modo, utiliser cette fonction revient à faire un recadrage de votre photo numérique sur votre ordinateur ou avec une application iOS dédiée. À la nuance près que, là, le travail est réalisé à la volée, au moment de la prise de vue, ce qui compromet les possibilités de retouche ultérieure.

Avez-vous remarqué le bouton, en haut à droite de l'écran, illustré d'une icône d'appareil photo avec deux flèches ? Il vous permet de choisir entre la caméra frontale et la caméra arrière. La première sert lorsque vous passez un appel avec FaceTime. Elle peut convenir pour des autoportraits de basse qualité. Mais c'est avec la seconde que vous ferez les meilleures photos.

Une fois la prise de vue réalisée, vous pouvez retrouver vos photos directement dans l'application Photos, dans l'album Pellicule, ou bien dans l'application Appareil photo, *via* le bouton en bas à gauche de l'écran.

L'application Appareil photo occupe tout l'écran, effaçant jusqu'à la barre d'état habituelle visible en haut de celui-ci. C'est dommage car l'on y verrait l'icône signalant l'activation des fonctions de géolocalisation d'iOS durant la prise de vue. En effet, les photos que vous prenez avec votre iPad sont associées à des informations géographiques. Pratique, par exemple, lorsque vous publiez des photos sur Flickr : elles sont automatiquement associées à une position sur la mappemonde terrestre. Et c'est également le cas avec iPhoto. Mais pour protéger votre vie privée, vous voudrez peut-être désactiver cette fonction. Pour cela, rendez-vous dans l'application **Réglages → Général → Service de localisation**. Et désactivez l'interrupteur associé à **Appareil photo**.

Chargez vos photos

C'est encore avec iTunes que vous choisissez les photos, stockées sur votre Mac ou votre PC, que vous voulez transférer dans votre iPad. Une fois que vous aurez fait votre choix, vous n'aurez plus qu'à cliquer sur le bouton **Synchroniser**.

Pour sélectionner les photos à copier sur votre iPad, activez l'onglet **Photos** :

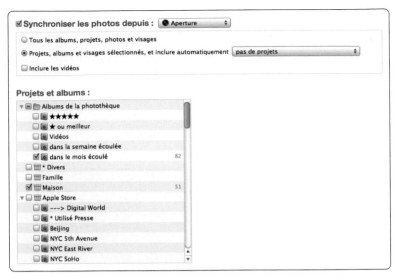

1 Cochez la case **Synchroniser les photos à partir de**.

2 Déroulez la liste correspondante et sélectionnez la source de photos.

3 Dans le cas d'iPhoto et d'Aperture, sur Mac, plusieurs options s'offrent à vous :

- Validez l'option **Tous les albums, photos et visages** si vous voulez copier toute votre photothèque sur votre iPad.

- Validez l'option **Projets, albums et visages sélectionnés** si vous voulez limiter la copie à un ou plusieurs albums. Déroulez la liste correspondante et sélectionnez, si vous le souhaitez, un projet à inclure automatiquement, les projets du mois écoulé, par exemple : ainsi, vous serez sûr de toujours les avoir avec vous.

4 Dans les listes **Projets et albums** et **Visages**, sélectionnez les éléments à transférer sur votre iPad.

Voilà, une fois la synchronisation réalisée, votre iPad est prêt à vous servir de visionneuse photo.

Transférez directement vos photos

Pourquoi faudrait-il systématiquement en passer par un Mac ou un PC pour transférer des photos depuis son appareil photo numérique dans son iPad ? C'est probablement la réflexion qui a guidé Apple dans la mise au point d'un kit de connexion pour appareil photo numérique. Vendu 30 euros environ, ce kit est composé de deux adaptateurs : l'un consiste en un lecteur de cartes mémoire SD (SecureDigital) ; l'autre permet de doter l'iPad d'un port USB sur lequel brancher directement un appareil photo numérique (y compris ceux qui utilisent le protocole PTP).

Dans la pratique, son utilisation est d'une simplicité désarmante :

1 Connectez à votre iPad l'adaptateur que vous souhaitez utiliser.

2 Selon le cas, connectez votre appareil photo numérique ou insérez votre carte mémoire. Aussitôt, votre iPad vous présente la liste des photos contenues dans l'appareil connecté et vous propose d'en sélectionner pour les importer.

3 Procédez à la sélection en appuyant sur chacune des photos à importer – vous pouvez désélectionner une photo en appuyant de nouveau dessus.

4 Une fois votre sélection terminée, appuyez sur le bouton **Importer** puis, au choix, sur **Tout importer** (vous venez de sélectionner des photos à importer mais… tout compte fait, vous préférez copier le lot complet sur votre iPad) ou sur **Importer la sélection**.

5 L'importation commence aussitôt. La durée du processus varie en fonction du nombre de photos à importer, de leur définition, des réglages de compression définis dans l'appareil photo et, enfin, de la rapidité de la carte mémoire. Une fois l'opération terminée, votre iPad vous demande si vous voulez conserver les photos importées dans votre appareil photo numérique ou votre carte SD, ou bien si vous voulez qu'il les supprime.

Si vous photographiez en RAW, vous avez peut-être envie de ne pas laisser votre iPad effacer les photos importées : en effet, lors de l'importation, il convertit vos fichiers RAW en fichiers JPEG, mais en préservant résolution et données Exif.

6 Vos photos sont ensuite rangées dans un album de l'application Photos : **Dernière importation**. Si vous procédez à d'autres importations par la suite, vous retrouverez toutes vos photos importées dans le dossier **Importées**.

Si vous utilisez votre appareil photo numérique pour prendre des vidéos, vous pouvez également importer celles-ci *via* le kit caméra. Ces vidéos seront accessibles *via* l'application Photos, toujours dans l'album **Importées**.

Le kit caméra d'Apple peut être utilisé pour autre chose que des appareils photo numériques ou des cartes mémoire SD. Tout d'abord, il peut servir à brancher sur votre iPad un disque dur externe ou une clé USB : pour peu que ceux-ci soient formatés avec le système de fichiers FAT et contiennent des photos rangées dans un dossier DCIM, votre iPad pourra les exploiter.

L'adaptateur USB peut également être utilisé pour doter votre iPad d'un clavier externe, d'un dongle radio pour utiliser un casque stéréo sans fil, par exemple, d'un microphone USB… Et tout cela en même temps avec un hub USB à alimentation externe…

Parcourez votre photothèque

Toutes les photos stockées dans votre iPad sont accessibles *via* l'application Photos qui vous permet de les consulter de manière très confortable.

Sur l'iPad, à son lancement, l'application Photos vous accueille avec la liste des albums stockés en mémoire. Enfin… liste, le mot est peu adapté : parlons plutôt de piles de photos. En effet, vous pouvez ouvrir un album en tapotant dessus ou bien élargir la pile correspondante du bout des doigts.

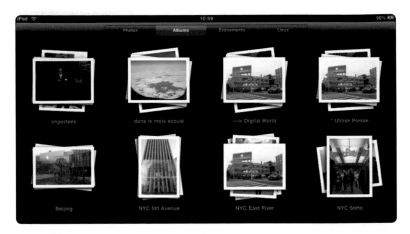

Mais ce n'est pas tout : remarquez les quatre boutons, dans la barre d'outils, en haut de l'écran sur iPad. Le bouton **Photos** vous donne accès à l'ensemble des photos stockées ; le bouton **Albums**… aux albums ; le bouton **Événements**, aux événements, si vous utilisez ce type de classement ; et enfin, le bouton **Lieux** vous permet de voir, sur une carte du monde, les endroits où vous avez pris des photos stockées dans la mémoire de votre iPad – à condition que vous ayez renseigné cette information d'une manière ou d'une autre… Là, appuyez sur une tête d'épingle et vous verrez une pile de photos prises à l'endroit indiqué.

Comme à chaque fois, ouvrez la pile pour accéder aux photos qu'elle renferme. Dans le lot, appuyez sur une photo pour la voir en plein écran.

Là, vous pouvez agrandir, réduire, du bout des doigts, autant que vous le voulez – et que le permet la définition de la photo. En balayant l'écran horizontalement, vous passez d'une photo à une autre, au sein de la pile de photos en cours de consultation.

Vous pouvez aussi passer rapidement d'une photo à une autre en utilisant la bande de vignettes, en bas de l'écran.

Notez que, au bout de quelques secondes, les barres d'outils de **Photos** disparaissent : tapotez une fois sur l'écran pour les faire revenir.

Partagez rapidement une photo

Mail, sur iPad, ne permet pas d'ajouter une photo en pièce jointe à un courrier électronique. C'est depuis l'application Photos que vous décidez d'envoyer des photos, une par une :

 Ouvrez en plein écran la photo que vous voulez partager.

2 Appuyez sur le bouton, à l'extrémité droite de l'écran, sur iPad, illustré d'une flèche orientée vers la droite.

3 Appuyez sur **Envoyer par courrier** et laissez-vous guider pour composer votre message, puis l'expédier.

> Vous pouvez également envoyer plusieurs photos en une seule fois : affichez la liste des photos d'un album ou d'un événement et appuyez sur le bouton illustré d'une flèche orientée vers la droite. Puis appuyez sur chacune des photos à envoyer pour les sélectionner. Cela fait, appuyez sur le bouton **Envoyer**. Ou **Copier** pour les envoyer dans le presse-papiers (voir chapitre 2) afin de pouvoir ultérieurement les coller dans une autre application.

C'est également à partir de ce menu que vous pouvez rapidement choisir d'utiliser l'une de vos photos comme fond d'écran, ou encore comme portrait pour l'un de vos contacts.

> L'une de vos photos serait visuellement adaptée à un fond d'écran ? Inutile de passer par l'application **Réglages** (voir chapitre 3). Assignez-la à un fond d'écran directement depuis le menu de partage de l'application **Photos**.

Lancez un diaporama

Une fois que vous avez ouvert une pile de photos – ou affiché en plein écran une photo d'une pile –, l'application Photos vous permet de profiter des photos de la pile parcourue sous la forme d'un diaporama. Et, pour ne rien gâcher, vous pouvez même l'accompagner de la musique de votre choix :

1 Sur iPad, appuyez sur le bouton **Diaporama**, dans la barre d'outils supérieure.

2 Si vous souhaitez agrémenter votre diaporama de musique, activez l'option **Musique à l'écoute** puis sélectionnez **Musique** : là, dans une interface qui rappelle celle de l'application iPod, vous pouvez choisir les morceaux de musique à utiliser, au sein de votre discothèque.

3 Dans la liste **Transition**, choisissez le mode de transition entre chaque photo que vous préférez.

4 Lorsque vous êtes prêt, appliquez sur **Démarrer le diaporama** et c'est parti !

Vous pouvez interrompre le diaporama à tout moment, en tapotant simplement une fois sur l'écran de votre iPad.

Adaptez le rythme du diaporama

Par défaut, le diaporama ne laisse affichée chaque photo que durant trois secondes. Heureusement, ce réglage, et quelques autres, peuvent être modifiés dans l'application **Réglages → Photos** :

Appuyez sur **Afficher chaque photo** pour changer la durée d'affichage des photos dans le diaporama ; une liste de durées vous est proposée.

Activez l'option **Boucle** si vous souhaitez que le diaporama reprenne automatiquement une fois terminé.

Activez l'option **Aléatoire** si vous souhaitez que Photos ne respecte pas l'ordre des photos sélectionnées pour le diaporama.

Utilisez votre iPad comme cadre photo

Oui, lorsque vous ne vous servez pas de votre iPad, il peut faire office de cadre photo. De quoi joliment décorer votre intérieur. Pour activer cette fonction, c'est très simple : verrouillez votre iPad puis appuyez sur le petit bouton illustré d'une fleur, à droite de la glissière de déverrouillage.

Et voilà, c'est parti pour un bon moment… sur un mode qui rappelle le diaporama, la musique en moins.

Faites-vous plaisir : si vous voulez utiliser régulièrement votre iPad comme cadre photo, offrez-lui un support élégant ; outre le support en polycarbonate d'Apple, il en existe de toutes sortes, toutes tailles et tous matériaux ! Vous pouvez même en faire fabriquer un par vos enfants, avec ces petites briques assemblables que tout le monde a chez lui…

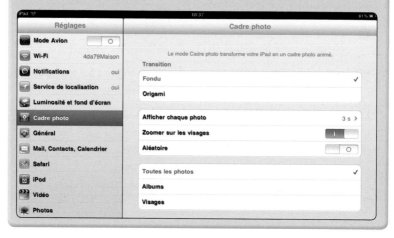

Cette fonction de cadre photo supporte quelques réglages – heureusement ! Vous y accédez *via* l'application **Réglages → Cadre photo** :

- **Transition** : choisissez l'animation qui sera utilisée pour passer d'une photo à une autre. Notez que l'animation **Fondu** permet d'activer l'option de zoom sur les visages ; ce que ne permet pas l'animation **Origami**.

- **Aléatoire** : par défaut, la fonction Cadre photo affichera vos photos dans l'ordre dans lequel elles apparaissent dans l'application Photos. En activant cette option, vous laissez à l'iPad le choix de l'ordre d'affichage de vos photos. Un peu de désordre ne nuit pas…

- **Toutes les photos/Albums/Événements** : avec ces trois options, vous choisissez ce qu'affichera la fonction Cadre photo – toutes vos photos, celles d'une sélection d'albums, ou celles d'une sélection d'événements. À charge pour vous de sélectionner les albums ou événements voulus dans la liste présentée plus bas.

Lorsque vous avez vos réglages, reverrouillez votre iPad et profitez.

Allez plus loin avec vos photos

Non, l'iPad n'est pas qu'une machine à consulter des contenus, même en ce qui concerne la photo numérique. Sur l'App Store, vous trouverez plusieurs applications dédiées à la retouche photo. Chaque fois, le concept est simple : l'application vous permet de piocher une photo dans votre photothèque, de la manipuler, puis d'enregistrer le résultat sous la forme d'une nouvelle photo. Votre original n'est donc pas écrasé. Et vous pouvez travailler à la fois sur des photos récupérées depuis votre ordinateur personnel, et sur des photos transférées directement depuis votre appareil photo numérique.

Quatre applications semblent particulièrement abouties : Photoshop Express, Filterstorm, PhotoForge et Photogene. Le souci, c'est que vous ne pourrez probablement pas vous contenter d'une seule d'entre elles, même pour des besoins relativement basiques. De fait, Filterstorm (ici en capture) est très riche à de nombreux égards – et notamment pour sa fonction de recadrage – mais n'intègre pas d'outil pour redresser légèrement une photo, ce que propose en revanche un PhotoForge… Lequel supporte aussi l'interruption/reprise de travail : si vous devez quitter l'application en cours de retouche, vous pouvez y revenir ensuite et PhotoForge vous proposera de reprendre votre session là où vous l'aviez laissée.

Photogene, de son côté, brille par sa simplicité d'utilisation et ses fonctions d'exportation très orientées réseaux sociaux : cette application supporte en effet la publication directe de vos œuvres sur Facebook et Twitter.

À découvrir, donc, et à adopter en fonction de vos besoins.

Pensez à transférer vos photos...

Précédemment, nous avons vu comment envoyer des photos par courrier électronique, ou encore comment transférer les photos d'un appareil numérique dans l'iPad. Mais stocker seulement ses photos sur son iPad n'est peut-être pas la façon la plus sûre de procéder... L'iPad est notamment reconnu par iPhoto comme un appareil photo numérique, sur Mac. Mais cette reconnaissance est également vraie sur PC, sous Windows. Dès lors, il est possible de transférer les photos stockées dans un iPad sur un Mac ou un PC.

Vous prenez des photos avec votre iPod Touch ou votre iPhone et vous souhaitez en profiter rapidement sur votre iPad ? Ça tombe bien : ces deux premiers appareils sont reconnus par l'iPad comme des appareils photo, lorsque vous les y branchez avec le kit caméra d'Apple. Vous pouvez utiliser votre tablette tactile pour décharger les photos de vos appareils nomades iOS.

Dans iPhoto, la reconnaissance est immédiate, dès le branchement de l'iPad sur le Mac, *via* le câble USB de synchronisation :

1 Sélectionnez l'iPad dans la barre latérale d'iPhoto.

2 Appuyez sur bouton **Tout importer** ou sélectionnez une à une les photos à importer puis cliquez sur **Importer la sélection**. L'opération démarre aussitôt.

3 Une fois l'importation terminée, iPhoto vous demande si vous souhaitez supprimer ou conserver les photos importées sur votre iPad. Demandez leur effacement si vous prévoyez de les y retrouver après synchronisation avec iTunes. Sinon, conservez-les pour pouvoir continuer à en profiter en balade.

Notez que le transfert de photos peut se faire durant la synchronisation avec iTunes. Mais il en sera un peu ralenti. Préférez donc attendre la fin de cette opération pour vider votre iPad dans iPhoto.

Vous voulez partager vos photos sur Internet ? Vous pouvez le faire directement depuis votre iPad avec, par exemple, l'application Photoshop Express, pour publier sur Facebook.

Chapitre 16

Réalisez vos propres vidéos

Non content de pouvoir faire office d'appareil photo numérique d'appoint ou encore de terminal de visiophonie, l'iPad peut servir de Caméscope. Et pas n'importe lequel : un Caméscope numérique haute définition HD 720p ! Pas mal.

Mais il y a plus fort : Apple propose un logiciel de montage vidéo pour iPad : iMovie. Il est certes bien moins complet que son homologue du même nom pour Mac OS X, mais il vous permettra déjà de réaliser quelques petites vidéos personnelles d'une étonnante qualité. Vous êtes prêt ? Alors c'est à vous de jouer !

Dans ce chapitre

- Tournez une vidéo avec votre iPad
- Montez votre vidéo
- Et zou ! Diffusez votre vidéo
- Pensez à transférer vos vidéos…

Tournez une vidéo avec votre iPad

C'est avec l'application Appareil photo que vous pourrez exploiter le capteur photo de l'iPad pour réaliser des vidéos :

1 Lancez l'application Appareil photo.

2 Faites glisser l'interrupteur, situé en bas à droite de l'écran, de l'icône qui représente un appareil photo vers celle qui représente une caméra.

3 Le bouton principal de la barre d'outils de l'application se transforme aussitôt, troquant l'icône d'appareil photo pour un point rouge.

4 Pour lancer l'enregistrement d'une vidéo, appuyez simplement sur ce bouton au point rouge.

Vous souhaitez forcer l'application Appareil photo à faire le point sur un élément particulier de la scène à filmer ? C'est possible : appuyez simplement sur cet élément à l'écran. L'autofocus fera le reste, comme pour la prise de photos.

5 Durant l'enregistrement, le point rouge clignote et un compteur vous indique la durée de l'enregistrement. Faites attention à la manière dont vous tenez votre iPad durant l'enregistrement : pour enregistrer correctement le son, vous ne devez pas obstruer le microphone ! Mais vous pouvez utiliser un microphone externe, comme celui d'un kit mains libres pour iPhone.

Attention à la durée de vos enregistrements : l'application Appareil photo ne vous indique pas le temps d'enregistrement possible compte tenu de la mémoire de stockage encore libre. Mais les vidéos, enregistrées en HD 720p, prennent beaucoup de place : comptez par exemple 44 Mo pour 33 secondes de vidéo... soit 1,33 Mo par seconde.

6 Appuyez de nouveau sur le bouton principal de la barre d'outils de l'application pour arrêter l'enregistrement vidéo.

Une fois votre vidéo enregistrée, vous pouvez la retrouver dans l'application Photos, dans l'album Pellicule. Pour voir une vidéo, sélectionnez-la puis appuyez sur le bouton Lecture au milieu de l'écran. Difficile de faire plus simple...

Montez votre vidéo

L'application Photos fournie constitue une première base pour faire un peu de montage vidéo. Elle permet de raccourcir les vidéos :

1 Lancez l'application Photos et ouvrez l'album Pellicule.

2 Sélectionnez une vidéo.

3 En haut de l'écran apparaît une barre de navigation qui affiche des vignettes de différents passages de votre vidéo. Appuyez simplement sur l'un des bords de cette barre de navigation pour entrer dans le mode d'édition.

4 Une fois que vous avez sélectionné la partie de la vidéo que vous souhaitez conserver, appuyez sur le bouton **Raccourcir**.

5 Là, deux options s'offrent à vous : **Raccourcir l'original** ou **Nouvel extrait**. La première option est assez explicite : tous les passages de votre vidéo hors de la sélection seront supprimés définitivement. Avec la seconde option, vous préservez la vidéo originale et créez une seconde vidéo ne contenant que les passages sélectionnés. Si vous sélectionnez cette dernière, c'est le nouvel extrait qui vous allez avoir sous les yeux, à l'issue d'un traitement durant quelques secondes.

Voilà pour les bases du montage vidéo. Pour aller plus loin, vous pouvez utiliser un logiciel comme iMovie, sur Mac, ou Windows Movie Maker, sur PC, sous Windows, par exemple : les vidéos de votre iPhone sont des fichiers au format .MOV, avec piste vidéo compressée avec le codec H.264, et au format AAC pour l'audio.

Allez plus loin avec iMovie

Vous trouvez les fonctions de montage vidéo de l'application Photos insuffisantes ? Personne ne vous en blâmera… D'ailleurs, Apple propose une application pour iPad dédiée au montage vidéo : une version allégée et épurée d'iMovie – que l'on trouve sur Mac au sein de la suite logicielle iLife. L'application iMovie pour iPad est vendue au prix de 3,99 euros. Nous vous proposons de la découvrir ici.

1 À son premier lancement, l'application iMovie présente un écran plutôt vide. Suivez donc son conseil et appuyez sur le bouton + au milieu de l'écran pour créer un nouveau projet.

2 Il est maintenant temps d'indiquer la séquence vidéo sur laquelle vous souhaitez travailler. Pour cela, suivez les indications à l'écran : elles ont le mérite d'être explicites. Appuyez donc sur le bouton illustré d'un rectangle, puis sélectionnez une vidéo.

3 Ajustez le cas échéant le début et la fin de la séquence avec les marqueurs jaunes. Puis appuyez sur bouton illustré d'une flèche bleue pour intégrer la séquence sélectionnée à votre projet. Le transfert est immédiat : vous allez pouvoir commence à travailler.

À tout moment, vous pouvez ajouter d'autres éléments à votre montage. Mais faites attention à l'endroit de cette insertion : c'est le marqueur rouge que vous voyez à l'écran. Vous pouvez également en supprimer : appuyez sur l'élément voulu et glissez-le sur la partie supérieure de l'écran. L'effet est immédiat.

4 Et si vous donniez un titre à la séquence que vous venez d'ajouter ? Rien de plus simple : appuyez deux fois de suite sur la séquence pour faire apparaître les réglages associés.

5 Appuyez sur **Style du titre** pour choisir un style graphique à utiliser pour votre titre. Celui-ci est lié au thème choisi précédemment, pour l'aspect visuel. Au-delà, trois styles de titre sont disponibles : **Début**, pour l'ouverture d'une vidéo, **Milieu**, pour présenter une nouvelle séquence au sein du montage, et **Fin** pour le générique de fin.

6 Et bien sûr, tapez votre titre : pour cela, appuyez simplement sur le cadre **Titre ici** et saisissez votre texte à l'aide du clavier virtuel. Appuyez sur **Terminé** dès que vous avez fini.

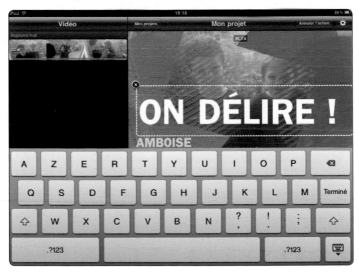

7 Vous retrouvez alors le panneau de réglages du clip. Là, vous pouvez activer/désactiver l'option **Lieu**, qui utilise les informations de géolocalisation capturées lors de la prise de vue, ou encore ajuster le volume de la bande son originale *via* la glissière précédée d'une icône de haut-parleur, voire activer/désactiver la bande son enregistrée avec la vidéo, *via* l'interrupteur *ad hoc*.

À tout moment, vous pouvez décider de changer de thème graphique pour votre vidéo sans « tout casser » dans votre montage : appuyez sur le bouton illustré avec une icône en forme de roue dentée, en haut à droite de l'écran : vous pouvez choisir un nouveau thème et activer/désactiver la musique du thème.

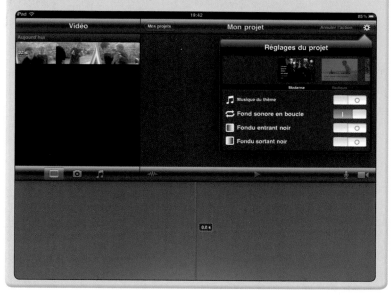

8 Vous souhaitez ajouter un doublage sonore ? Vous pouvez l'enregistrer directement en appuyant sur le bouton illustré d'un microphone.

9 Et pourquoi pas un petit de musique en fond sonore ? Appuyez sur le bouton illustré d'une note de musique : choisissez ensuite un morceau de votre bibliothèque musicale, ou bien l'un des thèmes prédéfinis par Apple. Vous pourrez ensuite ajuster le volume de cette piste audio supplémentaire mais pas question de finasser : elle s'applique impérativement à l'ensemble du projet.

10 Et vous voudriez ajouter des photos, voire d'autres vidéos ? Pour les premières, appuyez sur le bouton illustré d'une icône d'appareil photo. Pour
les secondes, procédez comme aux premières étapes de ce guide. Mais
les limites sont systématiquement les mêmes : iMovie ne vous permet
pas de « couper » une séquence du projet par une autre séquence ou
par une photo ; l'insertion se fait en début ou en fin d'une séquence déjà
ajoutée au projet.

11 La bonne nouvelle, c'est qu'iMovie insère automatiquement une transition entre séquences et photos du projet. Il vous suffit d'appuyer sur
l'icône qui la représente pour la personnaliser et en modifier les paramètres.

Voilà, on peut considérer que votre premier montage est terminé. Pour découvrir votre création, appuyez sur le bouton Lecture, en haut à droite de l'écran.
Quant à publier sur Internet ou simplement envoyer à des amis votre création…
c'est l'étape suivante !

Et zou ! Diffusez votre vidéo

Si vous êtes satisfait de votre montage, revenez à la liste des projets en appuyant sur le bouton **Mes projets** : à partir de là, appuyez sur le bouton illustré d'une flèche orientée vers la droite pour lancer l'exportation de votre montage.

Vous avez plusieurs options : envoyer votre montage vers l'application **Photos** et son album **Pellicule** – d'où vous pourrez l'envoyer par courrier électronique – ou bien le publier directement sur YouTube, Facebook, Vimeo, ou CNN iReport. Voire encore l'envoyer vers iTunes pour ensuite pouvoir le récupérer sur votre ordinateur personnel, *via* cette même application – et son interface de gestion des fichiers des applications installées.

Si vous optez pour une exportation vers l'application Photos, vous allez devoir choisir la définition de votre vidéo : haute définition 720p, définition moyenne 540p, ou basse définition 360p. Honnêtement, la définition 540p représente un très bon compromis pour la puissance de calcul de l'iPad 2 et pour la taille de sa mémoire de stockage. Attention, la création de la vidéo peut prendre pas mal de temps… Et donc sensiblement puiser dans l'autonomie de votre iPad.

Mais prenons un instant l'exemple de l'option **YouTube**. Celle-ci est faite pour vous si vous souhaitez publier votre vidéo sur Internet rapidement et la rendre accessible au plus grand nombre, sans perte de qualité (ou pas trop).

La première fois que vous utiliserez cette option, votre nom d'utilisateur et votre mot de passe YouTube vous seront demandés. Cela fait, remplissez le formulaire d'envoi sur YouTube et appuyez sur **Publier** : le transfert commence aussitôt mais peut durer de longues minutes… Là encore, c'est le choix de la définition qui déterminera le délai de transfert : définition standard ou haute définition.

Juste une chose : pensez bien à faire défiler vers le bas le formulaire d'envoi sur YouTube. C'est là que se cachent les options de confidentialité et que vous pouvez choisir entre rendre votre vidéo totalement publique, non listée – accessible à tous pour peu que l'on connaisse le lien d'accès –, ou privée – accessible uniquement à vos proches que vous aurez préalablement autorisés.

Pensez à transférer vos vidéos

Précédemment, nous avons vu comment envoyer des vidéos par courrier électronique ou les publier directement sur YouTube. Mais stocker seulement ses vidéos sur un iPad n'est peut-être pas la façon la plus sûre de procéder… l'iPad est notamment reconnu par iPhoto comme un appareil photo numérique, sur Mac. Mais cette reconnaissance est également vraie sur PC, sous Windows. Dès lors, il est possible de transférer les vidéos stockées dans un iPad sur un Mac ou un PC.

Dans iPhoto, la reconnaissance est immédiate, dès le branchement de l'iPad sur le Mac, *via* le câble USB de synchronisation :

1 Sélectionnez l'iPad dans la barre latérale d'iPhoto.

2 Appuyez sur le bouton **Tout importer** ou sélectionnez une à une les vidéos – et photos – à importer puis cliquez sur **Importer la sélection**. L'opération démarre aussitôt.

3 Une fois l'importation terminée, iPhoto vous demande si vous souhaitez supprimer ou conserver les éléments importés sur votre iPad. Demandez leur effacement si vous prévoyez de les y retrouver après synchronisation avec iTunes. Sinon, conservez-les pour pouvoir continuer à en profiter en balade.

Notez que, comme pour les photos, le transfert de vidéos peut se faire durant la synchronisation avec iTunes, mais il en sera un peu ralenti. Préférez donc attendre la fin de cette opération pour vider votre iPad.

Toujours sur Mac, cela fonctionne également avec iMovie, à partir duquel vous pourrez réaliser des montages plus élaborés.

Bug, erreur de manipulation... il peut arriver que, une fois sur votre Mac ou votre PC, votre vidéo apparaisse « dans le mauvais sens » : pour la consulter sans attraper de torticolis, il faudrait la faire pivoter. Sur PC, Windows Movie Maker permet de forcer la rotation d'une vidéo. Sur Mac, le plus simple est encore de faire appel à Quicktime Player 7. Ouvrez votre vidéo avec ce logiciel, puis déroulez le menu **Fenêtre → Afficher les propriétés de la séquence**. Dans la liste, sélectionnez la piste vidéo puis cliquez sur **Réglages visuels**. Là, utilisez les boutons **Pivot/ Rotation** pour faire tourner votre vidéo et la remettre à l'endroit.

Chapitre **17**

Jouez, mais pas tout seul

Certains ne jurent plus que par leur iPad pour jouer. Au point qu'il serait devenu l'une des consoles de jeu vidéo portables du moment.

Sans entrer dans ces considérations, force est de reconnaître que l'iPad s'en tire plutôt pas mal sur le terrain du jeu vidéo. Avec même des créations très originales capables de tirer parti de synergies entre les appareils iOS pour associer, par exemple, l'iPod Touch et l'iPhone autour d'un plateau de jeu qui ne serait autre que l'iPad… En attendant bien sûr que l'Apple TV montre ce qu'elle peut apporter à l'édifice.

Reste que jouer seul, c'est une chose. Jouer avec d'autres, directement ou pas, c'en est une autre. C'est tout l'objet du Game Center d'iOS : une sorte de plate-forme de compétition par Internet autour des jeux compatibles. Une solution signée Apple qui n'est pas sans rappeler un OpenFeint qui a le mérite d'être également ouvert aux déclinaisons Android des jeux compatibles.

Dans ce chapitre

● Game Center

● Quelques incontournables

Game Center

Qu'est-ce que Game Center ? Si l'on en croit Apple, c'est un système de réseau social pour le jeu vidéo sur iPhone, iPad et iPod Touch. Dans les faits, la dimension sociale de Game Center est relativement limitée : il n'est pas question, là, d'interagir directement avec ses amis ou de s'en faire de nouveaux. Le monde du Game Center n'est pas un monde dans lequel « les amis de mes amis sont mes amis » : non, il faut connaître l'adresse e-mail ou le pseudonyme d'un ami pour pouvoir l'ajouter à son Game Center ; à aucun moment on ne peut accéder à ses amis, ni même communiquer directement avec les membres de son réseau : pour cela, il faut sortir de Game Center et revenir à des choses plus concrètes. Mais la plate-forme dite un peu abusivement « de réseau social » d'Apple permet néanmoins de confronter ses scores à ses jeux favoris, à ceux d'autres joueurs – et même en dehors de son propre réseau, mais de manière exclusivement statistique. Cependant, le principal intérêt de Game Center sera probablement de vous permettre de découvrir de nouveaux jeux, ceux auxquels jouent vos proches et vos relations, pour ensuite, peut-être, les essayer vous-même. À moins de jouer à plusieurs, simultanément, au même jeu, par Internet…

Inscrivez-vous à Game Center

Très logiquement, la première chose à faire pour profiter de Game Center, c'est de vous inscrire. Et Apple n'a pas fait les choses à moitié avec rien moins que 12 pages de mentions légales à accepter…

> *i* Vous avez joué à certains jeux sans Game Center ? Pas de chance. Game Center ne sait pas récupérer rétroactivement l'inventaire de vos performances passées. Il faudra donc tout recommencer si vous voulez prendre une place au tableau d'honneur.

1 Lancez Game Center. Au premier lancement, celui-ci vous demande de vous identifier ou de créer un nouveau compte. Par défaut, il s'appuie sur l'adresse e-mail de votre compte iTunes Store. Et peu importe que vous appuyiez sur **Connexion** ou sur **Créer un compte** : si vous n'avez pas encore de compte, vous serez dirigé vers le processus de création de compte.

2 Vous devez ensuite indiquer le pays dont vous êtes citoyen. Ne serait-ce que pour permettre à Game Center de vous soumettre les mentions légales adaptées à votre nationalité.

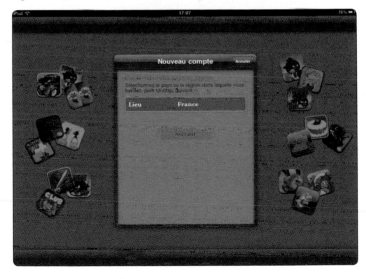

3 Mais avant d'en arriver à la très excitante lecture des 12 pages de mentions légales, vous devez encore confirmer votre date de naissance : l'utilisation de Game Center est contrôlée pour les plus jeunes – mais Apple n'a pas encore documenté de restriction à l'heure où sont écrites ces lignes – ; l'adresse e-mail doit être validée avant de pouvoir émettre ou répondre à des invitations. Une sorte de contrôle parental.

4 Et voici le moment tant attendu des conditions générales d'utilisation ! À lire sur-le-champ avant de les accepter – *via* le bouton *ad hoc* en bas de la page. Et pour une lecture plus poussée, à tête reposée, vous pouvez demander à vous les faire envoyer par e-mail.

5 Là, on commence à entrer dans le vif du sujet : vous devez choisir un pseudonyme et indiquer si vous autorisez des tiers à vous inviter, ou non. Le plus intéressant se trouve en bas de la page : vous pouvez autoriser ou interdire que l'on retrouve votre profil de joueur par le biais de votre adresse e-mail… et même de plusieurs si vous en utilisez plus d'une ! Pensez bien à toutes les mentionner à cet endroit.

Voilà, votre compte d'utilisateur de Game Center est actif. Notez que vous pouvez en modifier quelques paramètres à tout moment : autoriser ou interdire les invitations, permettre de vous retrouver par e-mail et, surtout, grâce à quelles adresses. Pour retrouver ces réglages, appuyez sur le bouton **Compte** de l'écran d'accueil de Game Center, puis sur le bouton **Compte**.

Retrouvez vos amis sur Game Center

Au début, votre Game Center risque de vous sembler bien vide, à juste titre. Pour le remplir, vous devez y ajouter des amis. Pour cela, rien de plus simple (ou presque) :

1 Appuyez sur le bouton **Amis**, en bas de l'écran, puis sur le bouton +, en haut à droite. Remplissez le formulaire et appuyez sur le bouton **Envoyer**. C'est aussi simple que cela.

2 De leur côté, vos amis reçoivent votre demande dans les instants qui suivent. Et même une notification sur l'écran de leur iPhone, iPad ou iPod Touch. Ils peuvent alors appuyer tout de suite sur **Accepter** ou laisser de côté la notification pour répondre ultérieurement, directement depuis Game Center.

3 Game Center regroupe les invitations reçues, sous le bouton **Demandes**. Là, il est possible de les accepter ou de les décliner individuellement, et même de signaler un problème à Apple au cas où vous considéreriez que l'invitation reçue est illégitime.

4 Lorsqu'une demande d'ajout à la liste d'amis est validée, vous recevez automatiquement une notification. Et vous allez pouvoir consulter le profil de votre nouvel ami pour savoir à quoi il joue !

Découvrez les jeux de vos amis et comparez vos performances

La liste de vos amis se peuple petit à petit. Et vous pouvez consulter la liste des jeux favoris de chacun d'entre eux.

1 Appuyez sur le bouton **Amis** dans la fenêtre de Game Center, puis sur le nom de l'un d'eux.

La liste de ses jeux apparaît aussitôt, ainsi que le prix des jeux en question si vous ne les avez pas vous-même. D'un appui sur le nom d'un jeu, vous accédez à sa fiche sur l'App Store.

Pour les jeux que vous avez en commun, la liste est différente : vous pouvez comparer vos performances à celles de vos amis, en appuyant simplement sur le nom de l'un des jeux.

Notez que vous pouvez comparer vos performances à celles de l'ensemble des joueurs inscrits à Game Center à tout moment, depuis la liste de vos jeux sous le bouton **Moi**. Et si vous êtes accro au concept de Game Center, pensez au bouton **Rechercher des jeux de Game Center** dans cette liste pour accéder à une sélection de jeux compatibles sur l'App Store d'Apple.

 Pour découvrir de nouveaux jeux compatibles Game Center, vous pouvez passer par celui-ci. Mais vous pouvez également parcourir directement l'App Store : les jeux compatibles Game Center sont marqués spécifiquement d'une icône qui représente le réseau social d'Apple.

Jouez ensemble !

Game Center sert aussi de plate-forme de développement de jeux multijoueurs en réseau : *via* Internet, vous pouvez jouer à plusieurs simultanément. Si le jeu auquel vous pensez a été conçu pour cela, c'est très simple à mettre en place :

1 Accédez aux commandes multijoueurs de votre jeu et sélectionnez l'option de jeu par Internet (**Online**, par exemple).

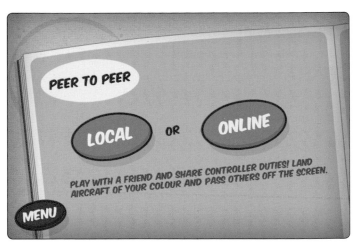

2 Une fenêtre d'invitation à jouer s'ouvre aussitôt – attention, si le jeu n'a pas été traduit en français, le texte de l'invitation est en anglais… Là, sélectionnez **Auto-Match** puis appuyez sur **Play Now**, en haut à droite de l'écran, pour laisser Game Center vous proposer l'un de vos amis avec lequel jouer, celui qui vous correspond le mieux en termes de performances à ce jeu. Ou bien appuyez sur **Inviter un ami** (« *Invite Friend* », en anglais) pour choisir manuellement l'ami à inviter.

3 Tapez un petit mot d'invitation – ou contentez-vous du message par défaut – et appuyez sur le bouton **Send** (« Envoyer » en français). Votre invitation à jouer part aussitôt.

4 De son côté, l'ami que vous avez invité à jouer reçoit une alerte dans les instants qui suivent. S'il l'accepte, la partie peut commencer.

> Vous êtes particulièrement attaché à un jeu et aimeriez y jouer avec vos amis, ou simplement le leur faire découvrir ? Sélectionnez-le dans la liste de vos jeux, dans Game Center, puis faites défiler l'écran jusqu'au bas de la page et appuyez sur le bouton **Recommander**.

Essayez l'alternative OpenFeint

OpenFeint est une alternative à Game Center – à moins qu'il ne lui soit complémentaire. Une chose est sûre : certains jeux sont compatibles avec l'un, d'autres avec l'autre, et certains avec les deux… OpenFeint présente l'avantage d'exister au-delà de la galaxie iOS : certains jeux Android l'utilisent. Mais il a l'inconvénient de n'être accessible qu'en anglais. Anglophobes, passez votre chemin.

OpenFeint n'a pas d'application dédiée : il est accessible directement au sein des applications compatibles, *via* un bouton précis – le bouton **Try OpenFeint**. Et il est possible de l'essayer sans s'inscrire.

À partir de là, on retrouve la même logique que dans Game Center, avec les mécanismes de classement pour mesurer ses performances par rapport à celles d'autres joueurs – et tant pis si certains sont manifestement si doués qu'ils en ont l'air inhumain.

Et l'on trouve enfin une sorte de micro-galerie de présentation des jeux vidéo compatibles – et proposés à la vente ou gratuitement sur l'App Store d'Apple. Bref, un clone de Game Center. À moins que ce soit l'inverse : Game Center est arrivé avec iOS 4, à l'automne 2010, alors qu'Open Feint existe depuis plus longtemps. Il avait été précisément créé pour apporter des fonctions de réseau social autour du jeu vidéo, fonctions qu'Apple n'a donc commencé à proposer par lui-même que plus tard.

Chapitre 18

Laissez éclater votre talent musical

Profitant de la puissance de calcul du processeur de l'iPad 2, et surfant sur l'inspiration de développeurs indépendants qui ont senti le potentiel créatif de la tablette, Apple a lancé la version iPad de son outil de création musicale GarageBand.

Jusqu'ici proposé exclusivement sur Mac, GarageBand est un logiciel qui permet de réaliser des compositions musicales complexes, à plusieurs voix et instruments. Sa version iPad est compatible avec la version Mac pour permettre des allers-retours entre les deux plateformes. Que ce soit pour composer en situation de mobilité ou pour simplement prolonger son travail sur iPad, voire l'emmener sur soi dans le cadre d'une démonstration ou d'une session musicale de groupe. Faites un tour sur YouTube, par exemple, et lancez une recherche avec les mots clés GarageBand et iPad pour vous faire une idée des capacités de l'outil à partir de quelques démonstrations.

Mais attention : GarageBand n'est pas un outil simpliste et les quelques pages qui suivent n'ont vocation qu'à vous éclairer, pas à faire de vous un expert de ce logiciel. En outre, au cours de son utilisation, n'hésitez pas à recourir à une aide intégrée qui n'a rien d'accessoire.

Dans ce chapitre

- Gérez vos compositions
- Profitez des instruments semi-automatiques
- Jouez vous-même
- Enregistrez vos sources analogiques
- Arrangez vos compositions

Gérez vos compositions

Considérons cela comme un point de départ : lors de son premier lancement, GarageBand vous invite à créer un morceau de musique. Là, pas de syndrome de la page blanche ; ce serait plutôt celui de l'écran noir. Pour commencer, vous pouvez donc suivre l'invitation de GarageBand en appuyant au milieu de l'écran. Passez alors à la section suivante pour commencer à jouer avec les instruments synthétiques embarqués.

Mais si vous avez déjà chargé des compositions GarageBand depuis un Mac, *via* iTunes (chapitre 6), dans la mémoire de votre iPad, c'est le moment de les récupérer, en appuyant sur le bouton illustré d'une flèche qui pointe sur le fond d'une boîte, en bas de l'écran : c'est le deuxième en partant de la gauche.

Le bouton situé à sa droite, illustré d'un + vous permet de vous lancer dans la création d'un nouveau morceau ou bien de dupliquer le morceau sélectionné pour le modifier, sans altérer l'original. Bref, une façon comme une autre de créer une variante.

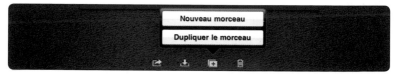

Par la suite, à mesure que vous avancez dans vos compositions, pensez à les transférer sur votre Mac ou sur un PC. Cela passe encore et toujours par iTunes et vous accédez à ces fonctions *via* le premier bouton, en bas à gauche, de l'écran.

À partir de là, choisissez entre envoyer le morceau vers iTunes pour le récupérer à l'occasion d'une synchronisation ultérieure, ou bien l'envoyer par courrier électronique. Dans ce dernier cas, le morceau sera converti en fichier audio au format MPEG-4/AAC et ajouté en pièce jointe d'un nouveau courrier électronique qu'il ne vous restera plus qu'à adresser et expédier.

Quant à envoyer votre composition vers iTunes, deux options vous sont proposées : convertir le morceau en fichier MPEG-4/AAC pour une écoute directe, ou bien en fichier GarageBand exploitable sur Mac pour prolonger la création.

Profitez des instruments semi-automatiques

Les instruments semi-automatiques, aussi qualifiés d'intelligents par Apple sont là pour simplifier la vie des néophytes. Mais pas uniquement. Ils sont bien adaptés à la création rapide de boucles en profitant de l'interface tactile. Commençons par exemple par la batterie.

Une fois que vous avez choisi cet instrument, vous pouvez sélectionner le type de percussions à utiliser parmi six proposés, selon le style musical auquel vous aspirez, depuis le Hip Hop jusqu'au concert Rock.

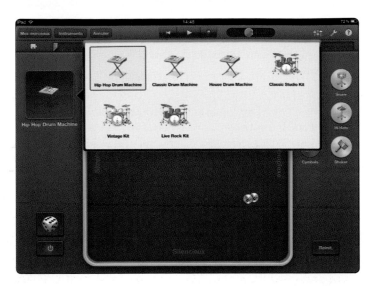

Cela fait, GarageBand vous propose de composer votre boucle de percussions de manière très visuelle : glissez une percussion depuis la partie droite de l'écran sur le carré central. C'est de son placement que dépendra la partition associée : plus ou moins complexe, plus ou moins présente, sur le plan sonore dans l'ensemble.

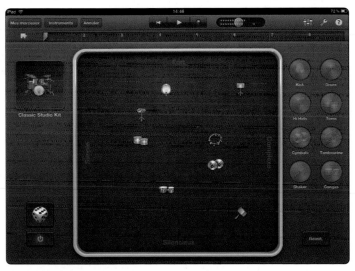

Vous pouvez également opter pour une composition totalement aléatoire en appuyant sur le bouton illustré d'un dé à six faces en bas à gauche de l'écran. Ou bien casser totalement votre composition et recommencer de zéro en sollicitant le bouton **Réinit**.

Besoin d'aide ? Certains instruments « intelligents » de GarageBand intègrent une option intitulée « Autoplay ». Autrement dit : c'est le logiciel qui joue à votre place. C'est simple et peut permettre de se familiariser avec l'outil. Trois ou quatre options de jeu automatique sont proposées pour chaque instrument. Choisissez un accord de base et c'est parti !

Dans la barre d'outils, le troisième bouton en partant de la droite vous permet d'accéder à quelques réglages : volume de la piste, impression panoramique, écho, réverbération, et même effets spécifiques.

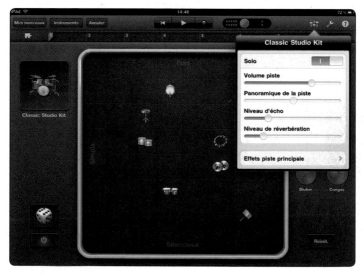

Pour les instruments à cordes, GarageBand vous donne le choix entre deux présentations : une, très simple, se concentre sur les accords, tandis que l'autre vous permet de jouer directement avec les cordes.

Le bouton situé juste à sa droite est peut-être encore plus important : il vous permet de demander la diffusion du son d'un métronome, de définir le tempo de votre composition, ainsi que sa tonalité.

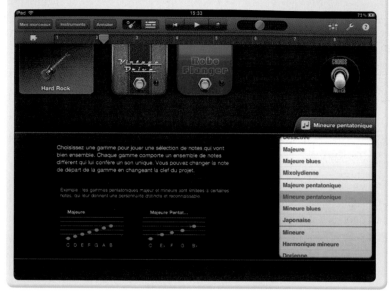

Lorsque vous choisissez un instrument à cordes, pensez à bien préciser la gamme avec laquelle vous voulez jouer ! GarageBand propose d'ailleurs un choix assez large.

Une fois que tout est prêt, c'est à vous de jouer : appuyez sur le bouton d'enregistrement, reconnaissable à son indicateur rouge, pour commencer à enregistrer la piste de percussions de votre composition – ou du moins de cette séquence de votre composition.

Appuyez de nouveau dessus lorsque vous avez fini, et passez à la suite… En l'occurrence, vous pouvez passer à un autre instrument en appuyant simplement sur le bouton *ad hoc*. Mais si vous n'avez pas enregistré votre travail, celui-ci sera perdu.

Jouez vous-même

Bien sûr, vous pouvez jouer vous-même de la guitare, à partir de l'instrument intelligent correspondant, en préférant l'affichage des notes à celui des accords. Mais c'est probablement avec les claviers et percussions que vous allez le plus vous amuser.

Profitez des claviers

Côté claviers, GarageBand vous propose de choisir parmi 80 modèles ! Pour passer de l'un à l'autre, rien de plus simple : appuyez simplement sur le bouton placé au centre de l'écran. Le choix est vaste ; faites vous plaisir !

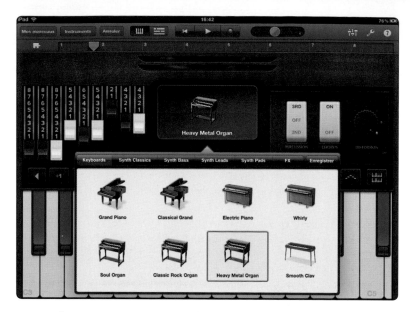

Vous voulez commencer à jouer tout de suite ? En route ! Si vous avez déjà commencé à composer, appuyez sur le bouton d'enregistrement, en haut de l'écran : ce que vous avez déjà enregistré est diffusé ; vous pouvez jouer dessus et enregistrer la suite de votre composition.

Mais prenez donc quelques instants pour affiner les réglages de votre instrument. Tout d'abord, vous remarquerez que l'écran de l'iPad n'est pas assez large pour afficher tout le clavier. Des flèches, à gauche de l'écran, vous permettent de passer d'une octave à l'autre. Mais vous pouvez aussi demander à obtenir plus de fluidité : utilisez le bouton au centre du clavier pour sélectionner l'option **Faire défiler** ; le clavier défile de manière semi-automatique sous vos doigts lorsque vous en avez besoin.

Mais ce n'est pas tout : vous pouvez bien sûr choisir la gamme à utiliser pour jouer, *via* le bouton *ad hoc*. Ou encore activer l'arpégiateur automatique avec le bouton situé juste à droite de celui de sélection de la gamme.

Enfin, si vous souhaitez mettre à profit la surface de l'iPad pour jouer plus confortablement, appuyez sur le bouton à l'extrémité droite de l'écran, juste au-dessus des touches du clavier : là, vous pouvez demander à superposer deux parties du clavier sur l'écran.

Vous voulez contrôler GarageBand à partir d'un clavier MIDI externe ? Vous pouvez utiliser l'adaptateur USB du kit camera d'Apple ! Cela vous permettra de mieux contrôler les attaques.

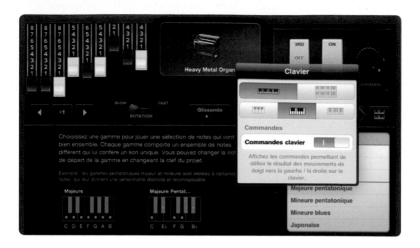

Choisissez une gamme pour jouer une sélection de notes qui vont bien ensemble. Chaque gamme comporte un ensemble de notes différent qui lui confère un son unique. Vous pouvez changer la note de départ de la gamme en changeant la clef du projet.

Exemple : les gammes pentatoniques majeur et mineure sont limitées à certaines notes qui leur donnent une personnalité distincte et reconnaissable.

Majeure   Majeure Pentat...

C D E F G A B   C E♭ F G B♭

Majeure pentatonique

Mineure pentatonique

Mineure blues

Japonaise

À vous les percussions !

L'offre de GarageBand en matière de percussions est légèrement plus restreinte : six ensembles sont proposés. Si le principe de base est simple – posez le doigt sur l'instrument voulu pour « taper » dessus – la mise en œuvre est pleine de subtilités.

De fait, le charleston est par exemple décomposé en trois zones, selon que l'on le veut fermé, ouvert, ou attaqué à la pédale. Il en va de même pour la caisse claire, sur laquelle GarageBand sait produire automatiquement des roulements. Les toms sont très sensibles au rythme de la frappe et à l'écartement des doigts.

Là, c'est l'expérimentation – et l'aide de GarageBand – qui vous sera d'un secours précieux pour exploiter pleinement la richesse du logiciel.

Enregistrez vos sources analogiques

GarageBand ne fait pas l'impasse sur les sources analogiques : vous pouvez l'utiliser comme un amplificateur virtuel pour votre guitare électrique, pour enregistrer la voix d'un chanteur ou d'une chanteuse, ou encore comme échantillonneur.

Redécouvrez votre guitare

Vous pouvez brancher votre guitare ou votre basse électrique à votre iPad *via* un adaptateur tel que l'iRig d'Amplitude ou le Jam d'Apogee. Cela fait, GarageBand vous propose de choisir parmi 32 sonorités d'amplificateur préréglées.

Chaque amplificateur virtuel propose ses propres réglages et peut être couplé à diverses pédales d'effets : écho, phaser, flanger, wahwah, fuzz, compresseur, *etc*. Chacune de ces pédales embarque ses propres réglages.

Ne vous encombrez pas inutilement : faites confiance à votre iPad pour accorder votre guitare, soit en utilisant son micro intégré pour un modèle acoustique, soit en branchant votre guitare électrique.

Enregistrez voix et échantillons

L'enregistreur audio intégré à GarageBand vous permet d'intégrer des enregistrements audio analogiques directement à une composition – oui, vous pouvez chanter et vous enregistrer. Soit en utilisant le micro intégré à l'appareil, soit en passant par un microphone externe.

C'est la version de base de l'enregistrement mais vous pouvez aller plus loin en passant par le sampler : chaque enregistrement audio ainsi réalisé sera alors considéré comme un échantillon sonore que vous pourrez modifier et altérer à loisir pour votre composition.

Arrangez votre composition

Une fois l'acquisition et la création réalisées, le passage incontournable, c'est le montage. Appuyez donc sur le bouton situé immédiatement à gauche du bloc lecture/enregistrement, dans la barre d'outils, en haut de l'écran, pour accéder au système d'arrangement multipistes.

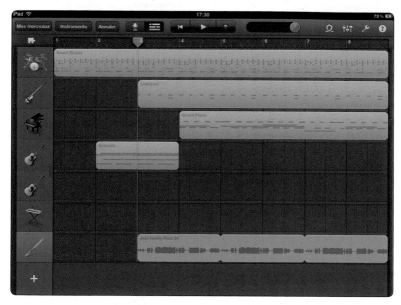

Vous retrouvez là l'ensemble de votre œuvre, à raison d'une piste par instrument ou groupe d'instruments – pour les percussions en particulier. Vous pouvez déplacer des séquences à loisir du bout du doigt. Et même encore en ajouter, comme des boucles prédéfinies par Apple avec des instruments qui ne vous sont pas proposés pour la création : flûte, saxophone, *etc.*

Sélectionnez simplement une séquence sur une piste pour la couper – au début ou à la fin – en faisant glisser les bords extérieurs. Lorsqu'une séquence est ainsi sélectionnée, vous pouvez également la couper, la copier, la supprimer, l'utiliser pour créer une boucle, ou encore la scinder en deux parties.

Si votre composition ne tient pas entièrement dans la largeur de l'écran de l'iPad, appuyez sur le bouton illustré d'une pièce de puzzle pour accéder au menu des différentes sections de morceau afin d'en ajouter, d'en dupliquer ou encore de modifier la taille d'une section, en nombre de mesures.

Enfin, pensez à utiliser la glissière, du côté des intitulés de pistes, pour accéder à leurs réglages individuels, à commencer par le volume accordé à chacune d'elles. Ce qui vous permettra d'équilibrer l'ensemble de votre composition.

Chapitre **19**

Au boulot !

À peine sorti, l'iPad a su convaincre nombre de professionnels de faire appel à lui dans leurs activités quotidiennes. Certains éditeurs spécialisés l'ont bien compris, à commencer par Cisco, Citrix ou encore SAP.

Mais Apple n'y est pas pour rien : sa suite bureautique iWork est disponible depuis le lancement de l'iPad ; elle rassemble un traitement de texte, Pages, un tableur, Numbers, et un outil de présentation, Keynote. Mais attention : ces trois applications sont proposées séparément, au prix d'environ 8 euros chacune.

Depuis le début du mois de juin, la suite iWork est en outre concurrencée par Documents To Go – disponible en deux versions, de 8 à 12 euros. Et même par Google Docs. Alors qu'attendez-vous donc pour vous mettre au boulot ?

Dans ce chapitre

- Transférez vos documents sur votre iPad
- Rapatriez vos documents sur votre ordinateur
- Jonglez avec vos documents
- Mettez vos textes en forme
- Intégrez des éléments graphiques
- Apprivoisez Pages
- Faites connaissance avec Keynote
- Jouez avec les chiffres
- Pensez aux alternatives

Transférez vos documents sur votre iPad

C'est la première question qui vient naturellement à l'esprit : comment échanger des documents entre un Mac, ou un PC, et les trois applications de la suite iWork pour iPad ? Eh bien… certains auraient aimé que ce soit plus simple. Voici vos options :

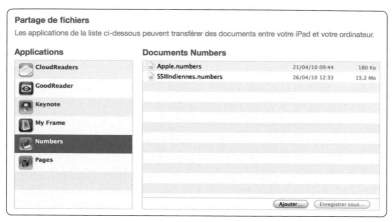

- **Synchroniser vos documents *via* iTunes** : c'est le mode de transfert de fichiers entre iPad et ordinateur personnel qui est décrit au chapitre 6. Et, comme vous avez pu le voir précédemment, ce n'est pas le mode d'échange de fichiers le plus souple. Malheureusement, les applications de la suite iWork n'ont pas la capacité d'aller chercher directement des fichiers sur un espace de partage en ligne tel que l'iDisk de MobileMe, un compte Dropbox, un dossier WebDAV, ou encore un compte Google Docs.

- **Transférer vos documents par courrier électronique** : au tout début du chapitre 9, vous avez pu découvrir comment Mail, sur l'iPad, gère les pièces jointes et vous permet de les ouvrir avec les applications compatibles que vous y avez installées. Là encore, c'est imparfait, mais ça fonctionne.

● **Passer par un serveur WebDAV ou par un iDisk** : un serveur Web-DAV, c'est un peu comme un serveur FTP – un serveur dédié au transfert de fichiers – mais qui repose sur les protocoles informatiques du Web. iDisk, c'est un service de MobileMe, d'Apple, payant. Mais lui aussi utilise les technologies WebDAV. Notre propos, ici, n'est pas d'indiquer comment installer un serveur WebDAV, nous nous contenterons donc de mentionner cette possibilité.

Si vous comptez utiliser votre iPad pour travailler sur vos documents bureautiques, veillez à ne pas miser sur des polices trop exotiques : dans les logiciels Pages, Keynote et Numbers, vous serez limité aux polices de caractères embarquées dans l'iPad. Et il n'y a rien à faire pour le changer.

● **Passer par un espace de partage Web** : si les applications de la suite iWork ne sont pas capables d'accéder directement à un service de partage en ligne, Safari peut vous proposer d'ouvrir, dans l'une des applications de la suite bureautique d'Apple, un document accessible *via* le Web.

Prenons un exemple : sur votre Mac, vous venez de produire un document Numbers et l'avez partagé *via* le service iWork.com (gratuit, accessible avec un simple identifiant iTunes). Un e-mail vous précise l'adresse Web à laquelle peut être consulté ce document. Relevez cet e-mail sur votre iPad puis suivez le lien indiqué avec Safari : appuyez sur l'icône de téléchargement (la bulle bleue, avec une flèche blanche pointant vers le bas) puis, dans la liste, sélectionnez **Numbers**. Le téléchargement commence aussitôt. Une fois qu'il est terminé, Safari vous propose d'ouvrir le document téléchargé dans l'application **Numbers** de votre iPad (ou une autre application compatible, le cas échéant, *via* le bouton à l'extrémité droite de la barre d'outils). Là encore, les étapes intermédiaires sont nombreuses, entre votre ordinateur personnel et votre iPad, mais, au moins, vous pouvez profiter de vos documents sans passer par iTunes.

Rapatriez vos documents sur votre ordinateur

Récupérer, sur votre ordinateur personnel, les documents sur lesquels vous avez travaillé avec votre iPad n'est guère plus aisé, hélas. En fait, le même parcours du combattant vous attend en sens inverse. Voici vos options :

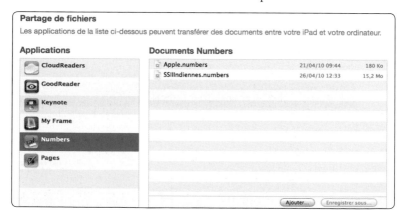

● **Synchroniser vos documents *via* iTunes** : comme vous avez pu l'apprendre au chapitre 6, il vous faut, sous l'onglet **Applications**, dans la section **Partage de fichiers**, sélectionner d'abord l'application dont vous voulez récupérer un document, puis sélectionner le document et, enfin, cliquer sur le bouton **Enregistrer sous**. Cela fait, indiquez l'emplacement voulu pour enregistrer votre document sur le disque dur de votre ordinateur.

● **Déposer vos documents sur un serveur WebDAV ou sur un iDisk** : c'est le corollaire trivial des capacités de téléchargement depuis ses supports en ligne des applications de la suite iWork. L'intérêt ?

● **Envoyer vos documents par courrier électronique** : chaque document créé ou modifié avec l'une des applications de la suite iWork, sur iPad, peut être expédié par courrier électronique à un correspondant. Lequel peut n'être que vous… afin de vous permettre de récupérer votre fichier et de continuer à travailler dessus sur votre ordinateur personnel. C'est assez facile : dans l'écran d'accueil de Pages, Numbers ou Keynote, calez-vous devant le document à transférer. Appuyez sur le bouton, en bas à gauche, illustré par une flèche orientée vers la droite. Sélectionnez **Envoyer par courrier**. Dans la liste, sélectionnez le format de fichier à utiliser : Pages, Numbers, Keynote, PDF ou Word. Finissez de composer votre courrier électronique et appuyez sur **Envoyer par courrier**. Zou, c'est parti !

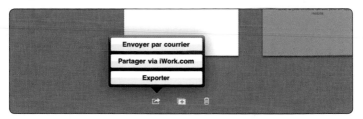

Vérifiez bien les versions des applications de la suite iWork avant de les acheter sur l'App Store : dans leur version 1.1, disponible sur le service en ligne d'Apple au printemps 2010, Keynote et Numbers ne savaient pas exporter leurs fichiers dans un format compatible avec la suite bureautique Microsoft Office. À moins d'utiliser un Mac avec la suite iWork, vous ne pouviez donc pas compter sur ces applications pour modifier, en déplacement, tableaux Excel et présentations PowerPoint avant, ensuite, de les retransférer sur votre ordinateur personnel pour les manipuler avec vos logiciels de la suite bureautique Office de Microsoft. Des lacunes depuis corrigées ; heureusement !

● **Passer par un espace de partage Web** : là encore, le service iWork.com est susceptible de vous servir d'intermédiaire. Un intermédiaire plus intéressant dans ce sens-là puisqu'il vous permet de rapatrier un fichier sur votre ordinateur personnel mais aussi, dans le même temps, de le partager avec un tiers, un collègue, par exemple, qui pourra alors l'imprimer.

Depuis l'écran d'accueil de Pages, Numbers ou Keynote, calez-vous devant le document à transférer. Appuyez sur le bouton, en bas à gauche, illustré par une flèche orientée vers la droite. Sélectionnez **Partager via iWork.com**. Identifiez-vous comme utilisateur du service, avec votre identifiant Apple/iTunes, puis appuyez sur **Se connecter**.

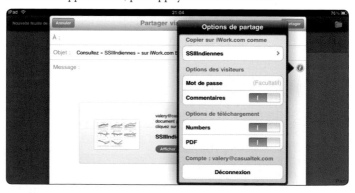

Là, c'est une interface de composition de courrier électronique qui apparaît. Parmi les destinataires, ajoutez-vous vous-même ainsi que, éventuellement, des collaborateurs. Cela fait, appuyez sur l'icône **i** pour accéder aux options de partage.

Si vous le souhaitez, vous pouvez protéger votre fichier par un mot de passe, autoriser ou non les commentaires, et proposer différents formats de téléchargement. Dès que vous avez configuré les options de partage selon vos besoins, appuyez sur le bouton **Partager**. Un double processus s'engage alors, qui implique conversion puis transfert du ou des fichiers vers les serveurs du service iWork.com. Méfiez-vous : avec un fichier un peu volumineux, le transfert peut prendre beaucoup de temps.

Partager des fichiers bureautiques *via* iWork.com peut être pratique notamment pour permettre à un correspondant d'imprimer rapidement un document bureautique. Un point d'autant plus important que les applications de la suite iWork n'intègrent pas de mécanisme pour une impression directe, depuis l'application.

À quoi sert la commande **Exporter** du menu de partage des applications de la suite iWork ? Tout simplement à demander une conversion de vos fichiers avant leur transfert vers votre ordinateur, *via* iTunes. Car les fichiers sur lesquels vous travaillez dans Pages, Keynote ou Numbers ne sont pas forcément disponibles pour le partage dans iTunes… Du coup, si vous ne voyez pas le fichier que vous voulez récupérer dans iTunes, lancez l'application iWork correspondante et demandez l'exportation du fichier concerné.

Jonglez avec vos documents

Si vous imaginiez retrouver directement dans l'écran d'accueil de Pages, Numbers ou Keynote les documents que vous avez transférés sur votre iPad avec iTunes, vous serez déçu, hélas. Pour pouvoir utiliser ces fichiers, il faut d'abord réaliser une opération d'importation :

1 Depuis l'écran d'accueil de l'une des trois applications de la suite iWork, appuyez sur l'icône de dossier, en haut à droite de l'écran : la fenêtre d'importation s'ouvre alors.

2 Dans la liste, sélectionnez le document à importer dans l'application.

Depuis cette liste d'importation, vous pouvez également gérer les documents transférés depuis iTunes *via* le bouton **Modifier** : là, vous pouvez supprimer des fichiers, sans avoir à passer par iTunes. Vous pouvez d'ailleurs supprimer ces fichiers sans risque *après* les avoir préalablement importés dans l'application iWork voulue : chaque application maintient ses propres copies de fichiers, de manière totalement dissociée du système de transfert d'iTunes.

3 L'importation ne prend que quelques instants. Une fois l'opération terminée, l'application ouvre directement le document correspondant.

Vous n'avez pas besoin de repasser par le processus d'importation chaque fois que vous voulez travailler sur un document transféré *via* iTunes. Une fois l'importation effectuée une fois, c'est sur une copie du fichier d'origine que vous travaillez : vous n'avez qu'à choisir le document voulu depuis l'écran d'accueil de l'application. Et c'est plutôt une bonne nouvelle : l'importation d'un fichier dans l'une des applications iWork pour iPad peut être destructive ; certaines informations sont perdues au passage, même lorsque le fichier d'origine a été réalisé avec la suite iWork pour Mac.

Créez un nouveau document

La page d'accueil des applications de la suite iWork vous présente la liste des documents qui sont immédiatement disponibles. C'est là que vous pouvez créer de nouveaux documents.

Pour créer un nouveau document, appuyez sur le bouton *ad hoc*, à gauche, dans la barre d'outils, tout en haut de l'écran.

Ou bien appuyez sur le bouton + en bas de l'écran et sélectionnez, au choix, **Nouveau document** ou **Dupliquer le document**, selon que vous voulez repartir de zéro ou reprendre le document affiché au milieu de l'écran comme modèle de travail.

Si vous décidez de repartir de zéro pour votre nouveau document, les logiciels de la suite iWork pour iPad vous proposent des modèles. Vous n'avez plus qu'à choisir celui que vous souhaitez utiliser. Cela fait, vous êtes prêt à travailler.

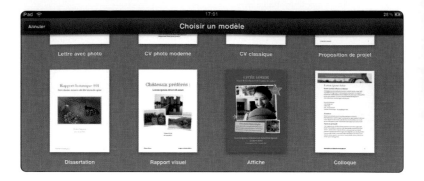

Passez d'un document à l'autre

Pour passer d'un document sur lequel vous êtes en train de travailler à un autre document sur lequel vous voulez travailler – ou bien dont vous voulez récupérer des éléments, par copier-coller, par exemple –, vous devez revenir à l'écran d'accueil de l'application de la suite iWork que vous êtes en train d'utiliser : cet écran d'accueil, c'est un peu votre navigateur bureautique de fichiers.

Quoi que vous fassiez dans un document, vous pouvez l'annuler *via* la commande **Annuler l'action**, dans la barre d'outils, en haut de l'écran. Et si vous la maintenez appuyée, cette commande en dévoile une seconde, **Rétablir l'action**. Mieux, l'historique d'annulation n'est pas effacé lorsque vous passez d'un document à l'autre ; il est même rechargé lorsque vous relancez l'application puis rouvrez le document.

Revenir à cet écran d'accueil est simple et rapide : il vous suffit d'appuyer, à tout moment, sur le bouton **Mes documents**, à gauche, dans la barre d'outils, en haut de l'écran. Et ne vous souciez pas de sauvegarder le fichier ouvert : l'application s'en charge automatiquement.

Supprimez un document

L'écran d'accueil des applications de la suite iWork étant un véritable navigateur de fichiers simplifié, c'est aussi par lui qu'il faut passer pour supprimer un fichier :

1 Amenez le document à supprimer au milieu de l'écran – en faisant défiler les documents de l'application.

2 Appuyez sur la Corbeille en bas de l'écran puis confirmez en appuyant sur **Supprimer le document**. L'effet est immédiat et ne peut pas être annulé.

Mettez vos textes en forme

Dans Pages et Keynote en particulier, pour mettre en forme du texte, la première étape, c'est bien sûr de le sélectionner, comme vous avez pu l'apprendre au début de ce livre. Cela fait, une barre d'outils spécifique apparaît.

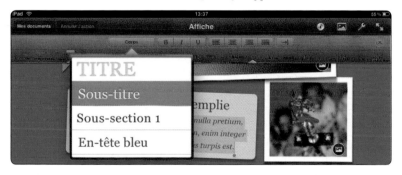

Là, vous pouvez rapidement changer la graisse ou l'alignement du texte et gérer les tabulations – ainsi que les sauts de colonnes et de pages. Surtout, vous pouvez changer le style du texte *via* le bouton situé à la gauche de cette barre d'outils de mise en forme du texte : avec un modèle, plusieurs vous sont proposés, et vous pouvez choisir celui que vous voulez utiliser. Mais vous pouvez également aller plus loin et choisir police, taille de caractères, *etc.* :

1 Une fois le texte voulu sélectionné, appuyez sur le bouton *i* de la barre d'outils, tout en haut de l'écran. Une palette flottante apparaît.

Cette palette vous donne accès à trois jeux d'options : Style, Liste et Disposition.

● **Style** : vous retrouvez ici la liste des styles associés au document ouvert. Mais si vous faites défiler cette liste vers le bas, vous accédez aux options de texte complètes, *via* la commande **Options de texte**.

Là, vous pouvez choisir taille et couleur du texte, et même police de caractères, parmi celles embarquées dans l'iPad.

● **Liste** : ces options vous permettent de définir la mise en forme associée à une liste – liste à puces, à lettres, à numéros, *etc.*

● **Disposition** : ce dernier panneau d'options touche à la disposition de votre texte, aussi bien dans la page que dans un cadre de texte, avec alignements horizontal et vertical, marge, interligne, *etc.*

Vous voulez réutiliser rapidement le style appliqué un texte, quitte à le modifier et à le personnaliser ensuite ? Sélectionnez le texte au style recherché puis appuyez sur le bouton **Copier le style**. Chargé en mémoire dans le presse-papiers, le style copié peut ensuite être *collé* sur un autre texte sélectionné.

Intégrez des éléments graphiques

Outil de mise en page plutôt complet, Pages vous permet d'intégrer dans vos compositions des éléments graphiques : formes vectorielles et personnalisables, tableaux, graphiques, photos, *etc*. Mais il en va de même pour Keynote et Numbers.

Tout cela se passe derrière le bouton de la barre d'outils qui est illustré par une sorte de paysage hyper stylisé. Un simple appui sur ce bouton fait apparaître une palette avec quatre onglets, un par type d'élément graphique à intégrer à votre composition.

Le principe est simple : dans la palette, appuyez sur l'élément graphique à intégrer dans la page et il apparaît aussitôt. Du bout du doigt, vous ajustez son placement dans la page, ainsi que sa taille. Un double appui sur une forme permet d'y taper du texte.

Des petits points vous permettent d'ajuster la taille d'une forme : les points bleus permettent d'agrandir ou de réduire la forme dans son ensemble ; les points verts agissent sur ses dimensions intérieures, comme l'épaisseur et la longueur du trait d'une flèche, par exemple.

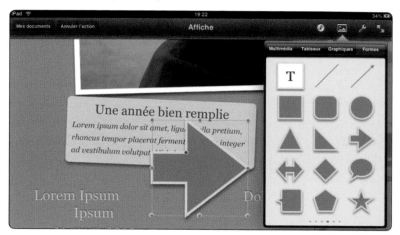

Avec les photos, un double appui sur l'image permet d'ajuster le cadre : utilisez la glissière pour agrandir ou réduire l'image, et déplacez-la dans le cadre ; cliquez sur **OK** lorsque vous avez fini.

Toujours avec une photo, appuyez sur le bouton *i* de la barre d'outils de Pages pour accéder aux options d'habillage : cadre, reflet, cadre avec ombre, *etc.*

Comment supprimer un élément graphique inséré dans une composition ? Sélectionnez-le d'un appui, puis appuyez dessus une seconde fois. Appuyez ensuite sur le bouton **Supprimer**.

Gérez la disposition des éléments de votre composition

Que ce soit dans Pages, Keynote ou Numbers, chaque fois que vous ajoutez un élément graphique à une composition – ou même un bloc de texte qui se détache de l'arrière-plan du document, un tableau, un graphique, *etc.* –, vous pouvez gérer sa disposition par rapport aux autres éléments du document. Pour cela, sélectionnez l'élément voulu, puis appuyez sur le bouton *i* de la barre d'outils, en haut à droite de l'écran. Activez l'onglet **Disposition** :

- Utilisez la glissière **Placer derrière/devant** pour ajuster la disposition en profondeur.

- Avec une photo, utilisez les boutons **Miroir vertical** et **Miroir horizontal** pour appliquer des effets de symétrie.

- Toujours avec une photo, le bouton **Réinit. le masque** vous permet de réinitialiser le recadrage éventuel appliqué précédemment ; utilisez le bouton **Modifier le masque** pour recadrer votre photo.

Le bouton **Ajustement** vous permet d'aller au-delà et de définir la manière dont le texte doit se comporter à l'approche de l'objet sélectionné : tourner autour du contour, tourner autour de la forme de manière rapprochée, ou… ne surtout pas tourner autour. La glissière **Espace supplémentaire** vous permet d'ajuster l'espace libre laissé entre le texte et l'objet sélectionné.

Lorsque vous avez fini vos ajustements, appuyez en dehors de la palette flottante pour la refermer.

Apprivoisez Pages

Que vous travailliez sur un document vierge ou sur un modèle, Pages reprend systématiquement les mêmes canons d'ergonomie. Et, bien sûr, il propose l'essentiel des fonctions des autres applications de la suite, pour la mise en forme des textes et pour la disposition des objets dans le cadre d'une composition élaborée. Mais cette application a quelques particularités. Les voici.

Définissez la mise en page

Sur quel format de papier votre document doit-il être imprimé – éventuellement ? C'est peut-être la première chose à définir. Une fois votre document de travail ouvert, appuyez sur le bouton en forme de clé à molette, à droite, dans la barre d'outils, en haut de l'écran. Là, appuyez sur **Configuration de document**.

Ajustez alors manuellement largeur et hauteur du document. Profitez-en également pour définir en-tête et pied de page en appuyant sur les zones *ad hoc*. Lorsque vous avez fini, appuyez sur le bouton **OK**.

> Comment sélectionner plusieurs objets d'une même page ? C'est assez simple : appuyez sur le premier objet à sélectionner et maintenez-y votre doigt ; avec un second doigt, appuyez successivement sur les autres objets à ajouter à votre sélection.

À cet endroit, vous pouvez également personnaliser le fond de page, avec une couleur unie, mais aussi des motifs, voire une photo, dont vous pouvez ajuster l'opacité pour simuler un filigrane… Tout cela se fait *via* le bouton qui représente une photo stylisée de paysage, en haut à droite de l'écran. Les options associées à cette possibilité sont communes à toutes les insertions d'éléments graphiques (voir section précédente).

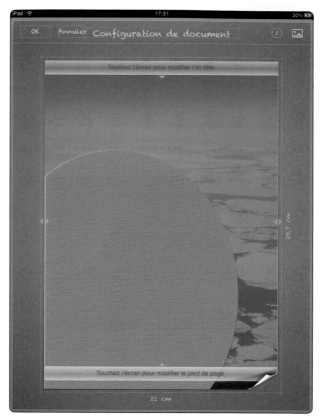

À ce stade, il convient de mettre un important bémol : Pages, sur iPad, ne gère que les formats de papier A4 et Lettre US. Du coup, si vous définissez une taille de document de type A5, par exemple, les en-tête et pied de page seront positionnés comme ils le seraient pour une feuille A4 ou une lettre US… Pour imprimer sur un papier A5, mieux vaut travailler sur un document A4 puis, sur un ordinateur, lancer une impression avec une mise à l'échelle à 50 %.

Faites connaissance avec Keynote

Keynote ne vous donne pas d'autre choix que de travailler à partir de l'un des modèles qu'il vous propose. Pour une bonne et simple raison : chaque modèle est associé à un ensemble de diapositives-types qu'il vous présentera chaque fois que vous voudrez ajouter une nouvelle diapositive à votre présentation : une palette affichera les choix disponibles lorsque vous appuierez sur le bouton +, en bas de la colonne de gauche de l'écran, celle qui présente l'ensemble des vignettes de votre présentation.

À quoi bon réaliser des présentations avec Keynote, sur l'iPad, s'il est impossible de les transférer sur un PC pour les retoucher avec PowerPoint ? Peut-être, tout d'abord, pour les présenter directement sur l'iPad, en rendez-vous clientèle… Ou bien pour les diffuser directement sur un vidéoprojecteur ! Apple propose un adaptateur VGA qui permet ce genre d'acrobatie. Avec une sortie VGA en 1024 × 768 pixels, mais aussi une sortie vidéo composantes en 480p/756p ou vidéo composite en 480i/576i.

Pour déplacer une diapositive dans la présentation, appuyez longuement sur la diapositive voulue et glissez-la à l'empla-

cement désiré. Un simple appui sur une diapositive vous donne accès aux autres options de manipulation des diapositives, sous la forme d'une petite palette d'outils : Couper, Copier, Coller, Supprimer et Ignorer.

Gérez les transitions

Le passage d'une diapositive à une autre, en cours de présentation, peut être agrémenté de transitions. Pour cela, sélectionnez la diapositive à laquelle appliquer une transition *en entrée*, à son affichage, donc, puis appuyez sur le troisième bouton de la barre d'outils à partir de la droite, en haut de l'écran : une petite palette intitulée **Aucun** apparaît alors à côté de la diapositive sélectionnée. Appuyez sur le bouton > de cette palette pour accéder à la liste des transitions et des options associées.

Dans la liste, sélectionnez l'effet souhaité pour l'affichage de la diapositive sélectionnée. Activez ensuite l'onglet **Options** pour personnaliser les réglages relatifs à la transition sélectionnée.

Prenez deux secondes pour observer l'écran : les éléments de la diapositive sont désormais marqués par des numéros, intégrés dans des bulles jaunes. Vous pouvez appuyer successivement sur chacun de ces numéros pour appliquer des effets supplémentaires : des transitions qui s'appliqueront en entrée ou en sortie, mais spécifiquement aux éléments internes à la diapositive.

Appuyez sur l'onglet de gauche pour modifier l'effet en entrée, ou sur l'onglet de droite pour modifier l'effet en sortie.

Choisissez ensuite un effet à appliquer puis, selon l'effet sélectionné, passez aux onglets **Options, Apparition** et **Ordre**. Le premier vous permet de régler les options spécifiques à l'effet sélectionné – durée, angle de rotation, *etc.*

L'onglet **Apparition** vous permet de préciser si l'effet doit s'appliquer une seule fois, à l'ensemble de l'objet sélectionné, ou, par exemple, à chacune des puces qu'il contient.

Enfin, l'onglet **Ordre** vous permet d'indiquer l'ordre dans lequel les objets de la diapositive doivent apparaître.

Une fois que vous avez fini vos réglages, appuyez en dehors de la palette pour la refermer.

Dernière chose : pour lancer la présentation, appuyez sur le bouton en forme de triangle blanc dans la barre d'outils. Et pour l'interrompre, tapotez deux fois de suite rapidement, sur l'écran.

Jouez avec les chiffres

Numbers est le tableur de la suite bureautique iWork pour iPad. Et il aurait du mal à renier sa parenté : la plupart de ses éléments ergonomiques et de ses principes d'utilisation sont également partagés par Pages et par Keynote. À l'exception de certains éléments spécifiques à un tableur.

À commencer, très logiquement, par la possibilité d'ajouter ou de supprimer des feuilles de calcul et des formulaires – qui ne sont autres que des interfaces graphiques simplifiées conçues spécifiquement pour le renseignement d'un tableau. Pour ajouter une feuille de calcul ou un formulaire à un tableur, c'est simple : balayez les onglets de gauche à droite jusqu'à l'onglet + et appuyez dessus : appuyez sur **Nouvelle feuille** ou sur **Nouveau formulaire**.

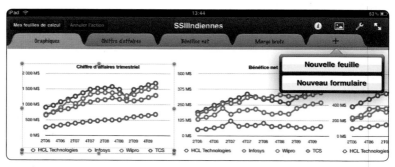

Cela fait, ajoutez des tableaux dans vos feuilles de calcul, des éléments graphiques, *etc.* Le tout *via* le troisième bouton de la barre d'outils à partir de la droite et avec une interface graphique décrite dans les pages précédentes.

Maniez chiffres et formules

Reste alors à remplir ces tableaux de chiffres et de formules. Pour cela, appuyez simplement sur la case à remplir. Le clavier virtuel s'adaptera au type de contenu que vous souhaitez saisir. Changez celui-ci à l'aide des quatre boutons de l'extrémité gauche de la barre de saisie : nombres, date et heure, texte, formule. Lorsque vous avez terminé votre saisie, appuyez sur le bouton **OK** à l'extrémité droite de la barre de saisie.

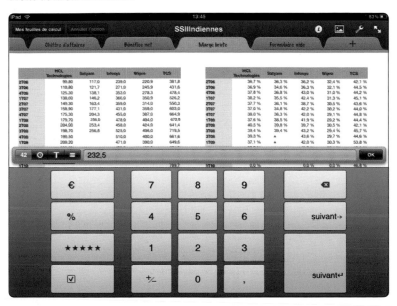

Ça, c'est pour le cas d'une saisie simple. Lorsque vous voulez utiliser des formules, vous pouvez bien sûr intégrer directement des références à d'autres cases du tableau. Il suffit pour cela de sélectionner les cases voulues du bout du doigt.

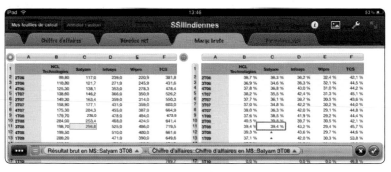

Vous accédez à l'ensemble des fonctions disponibles, classées par catégories, à partir de la touche **Fonctions** du clavier virtuel. Pour utiliser une fonction, il vous suffit de la sélectionner dans la liste, puis d'appuyer sur les cases qui permettent de l'exécuter.

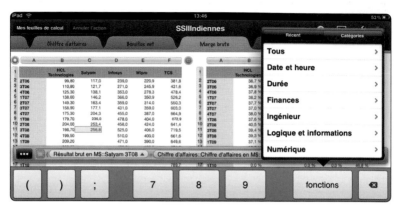

Réalisez de beaux graphiques

Mais un tableau, aussi lisible soit-il, n'a pas la clarté d'un graphique. Et, comme tout tableur qui se respecte, Numbers vous permet de réaliser des graphiques à partir des données de vos tableaux par une opération très simple. Commencez par ajouter un graphique comme dans n'importe quelle application de la suite iWork. Mais, ce graphique, il va falloir l'alimenter en données.

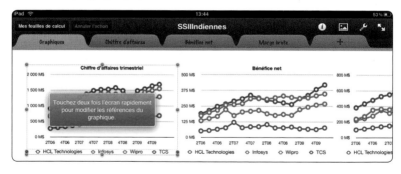

Tapotez deux fois sur le graphique pour indiquer les données qu'il devra utiliser : appuyez sur le tableau visé puis, du bout du doigt, définissez la zone de sélection.

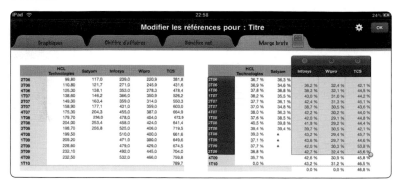

Le bouton en forme de roue dentée, dans la barre d'outils, vous permet en outre de définir quelles lignes ou colonnes devront servir de séries.

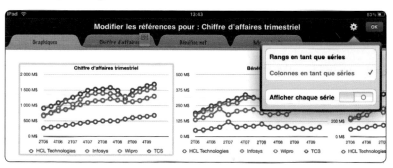

Lorsque vous avez fini de composer votre graphique, appuyez sur le bouton **OK**, à l'extrémité droite de la barre d'outils.

Vous restez sur votre faim ? Mais où sont donc passées les options de quadrillage, de légende pour les axes des graphiques, *etc.* ? Elles sont… presque cachées. En fait, elles sont accessibles à tout moment, sans remettre en cause la sélection des valeurs utilisées pour la construction du graphique : sélectionnez un graphique et appuyez sur le bouton *i* de la barre d'outils ; tout est là.

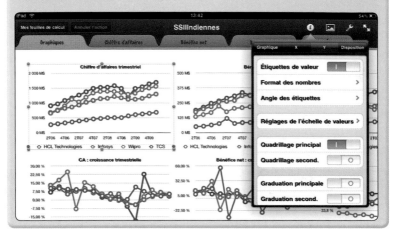

Pensez aux alternatives

Les applications de la suite bureautique iWork pour iPad ne manquent pas d'intérêt. Mais elles ne manquent pas, non plus, de limitations plus ou moins préjudiciables. De quoi donner de bonnes raisons d'essayer la suite bureautique Documents To Go pour iPad.

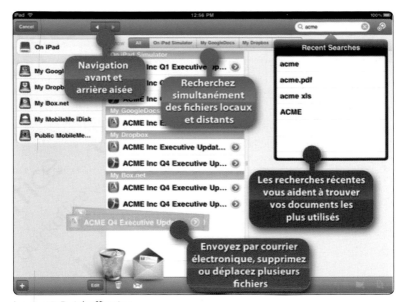

Image © Quickoffice Inc.

Tout d'abord, dans sa version Premium, à près de 14 euros, la suite bureautique Documents To Go lève les contraintes de la suite iWork quant à la gestion des documents : elle supporte non seulement l'importation et l'exportation de fichiers avec Google Docs, Dropbox, Box.net ou encore l'iDisk de MobileMe, mais même la synchronisation : pratique et efficace.

Le principal intérêt de ce logiciel est probablement sa totale compatibilité avec les applications de la suite bureautique Microsoft Office. De quoi permettre aux possesseurs de PC sous Windows de profiter pleinement de leur iPad pour travailler en déplacement.

Dernière alternative, gratuite : le service en ligne Google Docs. Désormais optimisé pour iPad, celui-ci peut vous permettre de créer vos documents bureautiques dans le nuage informatique de Google, puis de les modifier à loisir directement *via* Safari, le navigateur Web de votre iPad. Et oui, c'est une véritable suite bureautique qui devrait remplir de très nombreux besoins.

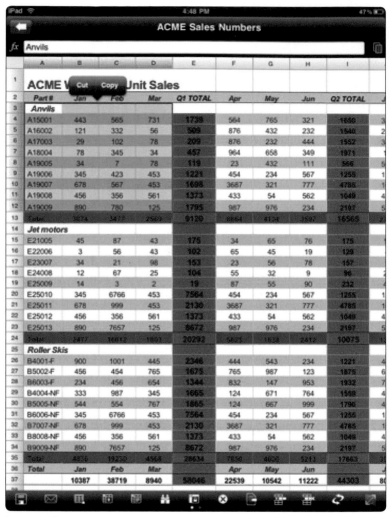

Image © Dataviz Inc.

Chapitre 20

Imprimez sans fil

Imprimer des documents directement depuis son iPad, c'est la promesse d'Apple avec AirPrint. Cette technologie doit permettre en effet de lancer une impression sur une imprimante compatible, directement depuis un iPad, dans une application comme Safari, Mail ou encore Photos. Mais AirPrint ne leur est pas exclusivement réservée : cette fonction se trouve également dans les applications de la suite bureautique iWork pour iPad (voir chapitre 19), par exemple, ou d'autres encore comme GoodReader, pour ne citer que lui.

Mais si le concept peut paraître alléchant, il est, dans la pratique, assez limité. En effet, Apple a limité l'accès à cette fonction à une poignée d'imprimantes compatibles. Mais des bidouilleurs ont trouvé le moyen de contourner cette limitation. Reste une autre option : Google Cloud Print

Dans ce chapitre

■ Trouvez une imprimante compatible

■ Imprimez un document

■ Activez AirPrint pour d'autres imprimantes

■ Essayez l'impression dans le nuage

Trouvez une imprimante compatible

Lors de tests en version de développement, la fonction AirPrint semblait fonctionner avec n'importe quelle imprimante. Mais voilà, lors de son lancement, elle a finalement été restreinte à une poignée de modèles – laser autant que jet d'encre – tous signés du même constructeur : HP. Voici donc la liste très officielle des imprimantes compatibles AirPrint : série Envy eAll-in-One (D410a), Photosmart Plus e-AiO (B210a), Photosmart Premium e-AiO (C310a), Photosmart e-AiO (B110), Photosmart Premium Fax e-AiO (C410a), Photosmart eStation (C510), Laserjet Pro M1536dnf, Laserjet Pro CM1415fn, LaserJet Pro CM1415 fnw, LaserJet Pro CP1525n et, enfin, LaserJet Pro CP1525nw, ainsi que quelques modèles de la famille OfficeJet.

Photo © HP

Avec ces modèles, l'impression peut se faire sans fil, et directement de l'iPad à l'imprimante, sans intermédiaire (un Mac ou un PC) allumé en continu. Et c'est peut-être cela d'ailleurs qui a conduit Apple à ne finalement pas permettre le partage d'imprimantes avec AirPrint, depuis un Mac ou un PC.

Vous pouvez retrouver la liste mise à jour ici : http://support.apple.com/kb/ht4356.

Imprimez un document

Mais alors, imprimer avec AirPrint, est-ce sorcier ? Que nenni ! Jugez plutôt par vous-même :

1 Lancez une application compatible AirPrint et sélectionnez le document à imprimer. Pour l'exemple, nous utiliserons ici l'application Pages, sur iPad.

2 Dans Pages, ouvrez le document à imprimer puis appuyez sur l'icône aux airs de clé à molette, pour développer le menu **Outils**.

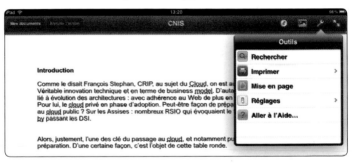

3 Là, appuyez sur **Imprimer**. Le panneau change aussitôt et affiche les options d'imprimante.

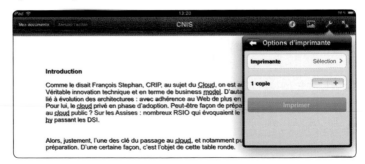

4 Appuyez sur **Imprimante** pour sélectionner l'imprimante à utiliser. Appuyez simplement sur le nom de l'imprimante voulue, dans la liste.

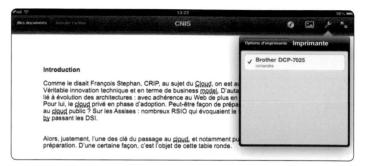

5 Lorsque votre document comprend plusieurs pages, vous pouvez préciser lesquelles imprimer.

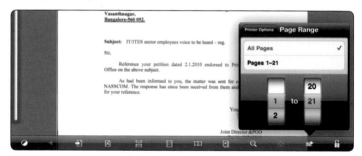

6 Utilisez les boutons + et – pour ajuster le nombre de copies voulues, puis appuyez sur le bouton **Imprimer**.

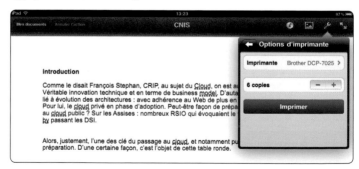

L'impression commence aussitôt. Vous pouvez consulter la file d'attente de vos tâches d'impression *via* le centre d'impression, dans le tiroir du multitâche. Mais attention : ce centre d'impression n'est visible que lorsque des impressions sont en cours ; après, il disparaît aussitôt, ce qui peut aller très vite pour un court document.

Activez AirPrint pour d'autres imprimantes

Vous êtes frustré de ne pas pouvoir utiliser AirPrint avec votre imprimante USB, partagée par un Mac ou un PC ? Et vous n'envisagez pas de changer rapidement d'imprimante ?

Des bidouilleurs ont pensé à vous. Sous Mac OS X 10.6.5 ou 10.6.6, avec iTunes 10.1 ou plus, le logiciel gratuit AirPrint Activator vous permet d'activer ainsi AirPrint pour n'importe quelle imprimante USB locale. Vous le trouverez ici : `http://netputing.com/airprintactivator/`. Apple lui a un peu fait la chasse mais l'auteur de ce logiciel a réussi à se passer de tout fichier signé Apple, se mettant ainsi à l'abri

d'éventuelles poursuites. Et si vous l'essayez, vous verrez à quel point ce logiciel est simple d'usage : lancez-le, activez l'interrupteur et patientez quelques secondes. C'est tout.

Des Allemands se sont chargés de proposer une solution comparable pour Windows – en éditions 32 et 64 bits. Vous trouverez leur logiciel ici : `http://iblueray.de/archives/402` (une version française est disponible).

Une fois AirPrint ainsi activé en un clic, accédez au Panneau de configuration de Windows pour activer le partage de votre imprimante USB.

Essayez l'impression dans le nuage

Si vous utilisez le service Google Docs – ne serait-ce que pour stocker des documents –, Google Cloud Print peut vous intéresser. Ce service s'appuie sur Chrome, le navigateur Web de Google. Celui-ci doit être installé sur votre Mac ou votre PC. Accédez aux préférences avancées de l'application et activez le service Cloud Print pour votre compte d'utilisateur Google – si nécessaire, créez-en un gratuitement.

Les imprimantes connectées à votre ordinateur sont automatiquement détectées. Et, sur votre iPad, dans Google Docs ou Gmail, *via* leur interface Web et Safari, utilisez simplement la commande **Print** pour lancer l'impression du courriel en cours de consultation ou du document ouvert sur l'une des imprimantes connectées à votre Mac ou votre PC. Si vous êtes chez vous ou au bureau, pas de souci. Si vous êtes en déplacement, votre ordinateur doit être allumé et Google Chrome doit être lancé : c'est ce couple qui va servir d'intermédiaire pour permettre l'impression directement sur votre imprimante – domestique ou de bureau.

Annexe A

Mises à jour et dépannage

iOS a beau être un système d'exploitation robuste, il n'en est pas moins susceptible de rencontrer des dysfonctionnements. C'est même l'une des raisons pour lesquelles Apple maintient un effort constant de mise à jour de son système pour iPad.

Au quotidien, lorsqu'un problème survient, quelques solutions simples peuvent être mises en œuvre pour remettre son iPad en état de marche. Si cela ne suffit pas, il faudra envisager de s'en remettre au service après-vente du constructeur.

Redémarrez !

Votre iPad ne répond plus ? Ou pire, il refuse de s'allumer ? Essayez avant tout de le redémarrer après l'avoir branché sur une source d'alimentation électrique :

1 Maintenez enfoncés les boutons principal et de veille jusqu'à l'apparition du logo d'Apple au milieu de l'écran.

Si le logo apparaît effectivement, patientez jusqu'à la fin de la mise en route de votre appareil et recommencez à l'utiliser normalement. Enfin presque : pensez à le synchroniser au plus vite avec un Mac ou un PC afin qu'iTunes puisse sauvegarder sa configuration, vos applications, *etc*. En effet, en cas de panne plus sérieuse ou d'impératif de restauration, les sauvegardes d'iTunes vous permettront de retrouver rapidement un iPad en plein état de marche. Et cela vaut aussi si Apple devait procéder à son remplacement.

Si votre iPad refuse de redémarrer, patientez une vingtaine de minutes avant d'appeler le service client d'Apple : cet appareil n'accepte pas de se mettre en route tant qu'un niveau de charge minimum de la batterie n'est pas atteint.

Prendre une extension AppleCare... ou pas ?

Faut-il acheter une extension de garantie auprès d'Apple, l'AppleCare Protection Plan ? La réponse ne tient qu'à vos besoins. Mais l'intérêt de cette extension est double. Tout d'abord, il vous permet de profiter d'une assistance téléphonique gratuite durant un an – et non pas seulement les 90 premiers jours suivant l'achat. En outre, votre appareil est protégé contre les dysfonctionnements pendant deux ans. Cela peut être intéressant si vous gardez vos appareils électroniques longtemps – comptez 79 euros pour votre iPad. Mais si vous êtes plutôt du genre *geek*, à toujours vouloir être à la pointe de la technologie et que vous changez d'équipement à chaque nouveau modèle, non, définitivement, AppleCare n'est pas pour vous. Cela dit, laissez une chance à la personne à laquelle vous revendrez peut-être votre appareil de souscrire une extension de garantie : revendez votre iPad avant son premier anniversaire...

AppleCare
Protection Plan

Photo © Apple Inc.

Restaurez

Votre iPad s'allume avec un écran tel que celui représenté ici ? Un peu comme si vous veniez de le sortir de son emballage ? Il est en mode de restauration et a besoin de votre aide.

La procédure est ici très simple : connectez votre iPad à votre Mac ou votre PC et lancez iTunes. Celui-ci vous indiquera automatiquement comment détecter un appareil en mode de restauration. Cliquez simplement sur le bouton **Restaurer** et laissez-vous guider. Une fois iOS réinstallé, votre appareil sera comme neuf. Vous devrez le réinstaller à partir de la dernière sauvegarde (chapitre 2).

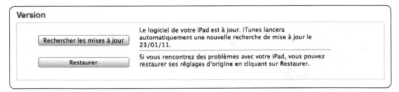

Appliquez les mises à jour

Régulièrement, Apple propose des mises à jour pour ses appareils qui fonctionnent sous iOS. L'installation de celles-ci nécessite la connexion au PC ou Mac avec lequel vous synchronisez votre iPad. En général, iTunes vous signalera automatiquement la disponibilité d'une mise à jour et vous proposera de l'installer. Mais cette proposition est le fait de vérifications périodiques : vous pouvez chercher vous-même si des mises à jour sont disponibles.

Pour cela, il vous suffit de sélectionner votre iPad dans la barre latérale d'iTunes, à la rubrique **Appareils**. Là, sous l'onglet **Résumé**, cliquez sur le bouton **Rechercher les mises à jour**. Si une mise à jour est disponible, vous pourrez commencer aussitôt à la télécharger, puis l'installer.

Annexe B

Des accessoires indispensables pour votre iPad

La rumeur veut que l'acheteur d'un iPad, d'un iPod Touch ou d'un iPhone dépense autant en accessoires pour son *iBidule* que pour ce dernier… Il faut reconnaître que les accessoiristes ne manquent pas d'imagination. Mais il faut bien le dire : si beaucoup touchent au futile, nombre d'accessoires sont vraiment utiles. Nous vous proposons ici d'en découvrir un petit échantillon.

Protégez votre iPad

On le dit peut être en trop peu : l'écran de l'iPad doit être protégé. Pour cela, les accessoiristes – et même Apple – proposent toutes sortes de housses, de coques et de films pour écrans. C'est un choix personnel à faire entre la housse – certains modèles sont très élaborés et vont jusqu'à permettre de maintenir l'iPad en position quasi verticale ou légèrement surélevée vers l'arrière pour une saisie plus confortable sur le clavier virtuel – ou le duo coque/film de protection de l'écran. Une question de budget, aussi : le prix des housses peut très vite s'envoler ; celles d'Apple affichent déjà près de 40 euros. C'est quasiment un premier prix et, à l'usage, elles s'avèrent remarquablement pratiques. Astuce : grâce à leurs puissants aimants, elles permettent même (à certains utilisateurs aventureux) d'accrocher l'iPad 2 à une porte de réfrigérateur… Âmes sensibles s'abstenir.

La SmartCover © Apple

Mais l'iPad peut aussi gagner à être utilisé avec un support du bureau, notamment si on l'utilise au quotidien en complément de son ordinateur – voire comme second ou troisième écran (voir annexe C). Apple en propose un – et un autre avec un clavier – et les accessoiristes font dans ce domaine preuve d'une rare créativité. Vous trouverez même des supports muraux pour accrocher l'iPad à un mur où, lorsque vous ne l'utilisez pas, il pourra faire office de cadre photo, voire de téléviseur d'appoint. Cela dit, pour faire la cuisine en gardant la recette sous les yeux, cela peut-être également très pratique.

Le BookArc © Twelve South

Et puis il y a bien sûr les kits de connexion d'appareil photo ou de carte mémoire – celui d'Apple, mais aussi ceux de tiers dont un modèle 5-en-1. Choisissez un bon stylet si vous voulez pouvoir dessiner directement sur l'écran de votre iPad ou y prendre des notes à main levée, avec un logiciel tel que Penultimate.

Le stylo Virtuoso © Kensington

Ouvrez votre iPad sur le monde extérieur

Nous ferons l'impasse sur les multiples casques et micro-casques disponibles pour votre iPad : vos oreilles sauront vous guider. Mais pensez aux adaptateurs que propose Apple pour étendre les capacités de connectivité de votre tablette. Il y a tout d'abord l'adaptateur pour cartes SD et appareils photo numériques (chapitre 15), indispensable si vous voulez pouvoir rapidement et directement profiter de vos photos sur votre iPad.

Mais il y a aussi, et sinon surtout, les adaptateurs vidéo : VGA et composites et composantes, tout d'abord, pour utiliser votre iPad avec un moniteur informatique ou un téléviseur à entrées analogiques. Mais Apple propose également – pour près de 40 euros – un adaptateur numérique HDMI. Celui-ci vous permet de brancher votre iPad sur un téléviseur haute définition Full HD 1080p (mais aussi 720p). Le jeu vidéo Real Racing 2 HD de Firemint en tire pleinement profit : l'iPad sert alors de manette de jeu – de volant virtuel, en somme.

Cet adaptateur embarque également des fonctions de recopie vidéo : en clair, avec lui, vous pouvez afficher en grand, sur un téléviseur, ce qui apparaît à l'écran de l'iPad. De quoi disposer ainsi d'une alternative particulièrement intéressante et polyvalente à l'Apple TV. Attention lors de la saisie de mots de passe : ils ne sont pas bien cachés à l'écran…

Annexe C

Les usages non conformistes de l'iPad

l'iPad, c'est – malgré tout ce que l'on peut dire ou entendre – un peu comme un ordinateur : on en fait ce que l'on veut. Bien qu'apparemment évidente, cette affirmation ne l'est pas : imaginer ce que l'on peut faire d'un outil totalement versatile est probablement bien plus compliqué que de se contenter de faire ce pour quoi il a été conçu.

Heureusement, les développeurs d'applications pour l'iPad montrent la voie : ils imaginent des usages auxquels parfois l'utilisateur le plus aguerri ne penserait même pas. Dans cette annexe, nous nous penchons sur quelques utilisations de l'iPad qui ne viendraient pas immédiatement à l'esprit mais qui peuvent s'avérer d'un grand secours au quotidien, en simplifiant l'utilisation d'un écosystème technologique toujours plus complexe et riche.

Oubliez la télécommande

Non, l'iPad n'a pas d'émetteur infrarouge. Est-ce suffisant pour l'empêcher de faire office de télécommande ? L'application Remote d'Apple permet de télécommander l'Apple TV à partir d'un iPad. Mais que diriez-vous de supprimer toutes vos télécommandes au profit d'une seule – votre iPad ? Toutes, non. Pas encore. Mais au moins quelques-unes.

Pour cela, il y a Freemote ou encore SurFeeboxTV pour télécommander à distance le boîtier TV de la Freebox. Et c'est sans compter avec les logiciels de télécommande pour XBMC, l'interface multimédia pour Xbox, et pour VLC, sur PC comme sur Mac.

VLC Remote © Hobbyist Software

Mieux qu'une souris, une tablette tactile

Et si vous utilisiez votre iPad en complément de votre Mac ou de votre PC ? Pas seulement pour consulter des contenus ou accéder à des services en ligne mais comme véritable « périphérique » de votre ordinateur personnel ?

C'est le principe de base d'un logiciel tel que Remote HD : il peut servir de souris sans fil (mais c'est loin d'être le seul sur ce terrain là), de clavier sans fil, voire même de trackpad. Le tout en supportant des commandes propres à certaines applications comme iTunes – avec support d'AirPlay ! – mais aussi Mail, Safari, *etc*. Impressionnant.

Dans le même esprit, mais en plus simple et très orienté souris/trackpad, vous pouvez aussi essayer iTap, AirMouse, WiFi TouchPad, ou encore JumiMouse… pour ne citer qu'eux !

Même Adobe s'y est mis : avec la version 5.5 de sa suite graphique Creative Suite, l'iPad peut faire office d'extension du Mac ou du PC avec des applications « compagnons » de l'application principale.

Offrez-vous un écran supplémentaire

AirDisplay est probablement l'une des applications les plus innovantes de tout l'App Store. Que propose-t-elle ? C'est bien simple : transformer votre iPad en écran supplémentaire pour votre Mac ou votre PC ! De quoi disposer ainsi d'un second où d'un troisième écran. Avec une petite subtilité : ce nouvel écran est tactile. De fait, AirDisplay vous permet d'interagir avec votre ordinateur du bout du doigt, au moins pour les fenêtres que vous aurez décidé d'afficher précisément sur votre iPad. Tout simplement magique.

Image © Avatron

Annexe D

Le « jailbreak », ou comment en demander plus

Le *jailbreak* consiste à casser certaines protections mises en place par Apple dans iOS. La pratique est ancienne : elle remonte à 2007 et au premier iPhone. Il s'agissait alors de déverrouiller l'appareil pour l'utiliser sur le réseau de n'importe quel opérateur de téléphonie mobile. Les européens en ont été particulièrement friands : l'iPhone est arrivé sur le vieux continent bien longtemps après sa commercialisation aux États-Unis. Et il était bien plus économique de l'acquérir là-bas que de l'acheter en Europe.

Avec l'arrivée de l'iPhone sur en Europe, la pratique a néanmoins perduré, notamment pour permettre l'installation d'applications natives alors que l'App Store n'existait pas encore. Malgré la naissance de ce dernier, le *Jailbreak* continue d'exister, de s'adapter aux évolutions d'iOS et aux efforts de sécurisation d'Apple.

Inutile de se voiler la face : si cet objectif n'est pas très glorieux, sachez que le *jailbreak*, permet néanmoins d'installer des applications piratées. Et cela peut suffire à motiver beaucoup d'utilisateurs bien que l'App Store brille par ses petits prix.

iPad 2... le *jailbreak* avec fil à la patte

Initialement, le *jailbreak* était une opération très complexe, loin d'être à la portée de tout le monde. Depuis plusieurs mois, elle est devenue très simple : des logiciels proposés notamment par la *dev-team* (http://blog.iphone-dev.org/) permettent de faire sauter les protections d'un iPad en un clic.

Une bonne nouvelle ? Pas franchement. À l'heure où sont écrites ces lignes, le *jailbreak* de l'iPad 2, est dit « tethered ». Un terme anglais lourd d'implications : à chaque fois que l'appareil est redémarré – volontairement ou non ; certaines applications « non officielles » peuvent faire planter un iPad –, il est nécessaire de le rebrancher sur un Mac ou un PC et de relancer le logiciel *jailbreak* pour pouvoir l'utiliser de nouveau. Un handicap certain en plein déplacement.

Dans certains cas, les fonctions de géolocalisation pourraient même s'avérer défaillantes...

Pour autant, le *jailbreak* garde un certain attrait. Il permet de personnaliser totalement l'interface graphique de l'appareil avec Winterboard ou encore de simplifier l'accès à certains réglages avec SBSettings. Il améliore aussi le rendu des applications iPhone agrandies sur l'écran de l'iPad... Autant d'applications distribuées *via* une sorte d'App Store alternatif : Cydia, installé automatiquement lors du *jailbreak*.

Et tout cela ne constitue que quelques exemples. Bref, oui, le *jailbreak* est alléchant. Mais il n'en présente pas moins de très nombreux inconvénients dont l'absence de garantie de pérennité : certaines applications refusées par Apple mais présentes sur Cydia sont en vente. Mais rien ne dit que vous pourrez continuer à les utiliser avec la prochaine version d'iOS, ni même que celle-ci pourra être *jailbreakée*.

Index

Symboles

3G, 17, 39
  consommation, 63

A

accord, 279
actualités, 170, 175
  France 24, 176
  Géo, 179
  Le Figaro, 177
  Wired, 180
agrandir
  texte, 28
  Web, 64
AIM, 153
AirPlay, 224
AirPort, 16
AirPrint
  imprimante, 320, 323,
    324
  imprimer, 321
AirVideo, 221
alerte, son, 47
ami, Game Center, 265
Appareil photo, 230, 248
  service de
    localisation, 232
Apple TV, AirPlay, 224
application, 92
  Appareil photo, 230,
    248
  Calendrier, 115, 137
  Contacts, 120
  DailyMotion, 218
  Dock, 101, 103
  Documents to Go,
    316
  dossier, 101, 103
  écran d'accueil, 100
  Evernote, 132
  fichier, 106, 109
  Filterstorm, 243
  GarageBand, 274
  GoodReader, 188
  iBooks, 182
  iMovie, 250

iPhone, 95
iPod, 194
iPod Touch, 95
iTunes, 97, 98, 213
iWork, 292, 294
Keynote, 309
Kindle, 187
Mail, 142, 147, 150
mise à jour, 95, 99
Notes, 132
Numbers, 312
Pages, 307
Penultimate, 136
PhotoForge, 243
Photogene, 243
Photos, 232, 236
QuickOffice Mobile,
  316
Twitter, 163
Vidéos, 210
WiFi, 108
YouTube, 218
App Store, 92
  recherche, 93
autonomie, 14, 18
  réglage, 15

B

bande-dessinée, 191
batterie, 14, 18
BD, 191
Bluetooth, 15
  clavier, 15
  écouteurs, 15
bouton
  principal, 6
  veille, 8, 9
  verrou d'orientation, 9
  volume, 7
Box.net, 109
bureautique, 292, 294, 316
  imprimante, 320, 323,
    324
  imprimer, 321

C

cadre photo, 241

Calendrier, 115
  CalDAV, 137
  disponibilité, 119
  événement, 118
  Fuseau horaire, 138
  invitation, 120
  recherche, 117
  rendez-vous, 118
  synchronisation, 113
Caméscope, 248
carte MicroSIM, 17
carte SIM, 17
cartographie, 80
casque, 10
chargeur secteur, 18
clavier, 58, 281
  Bluetooth, 15
Cloud, 109
CloudReaders, 191
code, 49, 51
compatibilité, 296
compte
  iTunes, 92
  Mail,
    synchronisation,
    114
  messagerie, 144
configuration, 23
  Spotlight, 36
consommation, 63
Contacts
  ajouter, 122
  application, 120
  courrier électronique,
    148
  envoyer, 123
  modifier, 122
  photo, 239
  synchronisation, 113
  tri, 122
contrôle parental, 52
copier-coller, 30, 31
  style de texte, 303
correction
  orthographique, 31

courrier électronique, 142, 145, 147
   destinataire, 148
   nouveau message, 147
   répondre, 147
   transférer, 147

D

DailyMotion, 218
Del.icio.us, 130
dépannage
   mise à jour, 327
   redémarrer, 326
   restaurer, 327
diaporama, 46, 240
diapositive, 309
dictionnaire, 186
diffuser par YouTube, 258
disponibilité, Calendrier, 119
Dock, application, 101, 103
document, 292, 294, 301
   importation, 298
   nouveau, 299
Documents to Go, 316
dossier
   application, 101, 103
   écran d'accueil, 101, 103
Dropbox, 109, 190

E

écouteurs, 10
   Bluetooth, 15
écran d'accueil
   application, 100
   dossier, 101, 103
   iTunes, 97
   organiser, 100
   personnalisation, 44
   signet, 72
écran tactile, 2, 3, 26
   agrandir, 27, 28
   appuyer, 26
   faire défiler, 26, 66
   loupe, 28
   luminosité, 4, 5, 6
   orientation, 67
   parcourir, 27
   réduire, 27
   sélection, 29

   sélectionner, 26
   Web, 61
écran verrouillé, 45
effacer, 114
événement, Calendrier, 118
Evernote, 132
Exchange, 127, 142

F

Facebook, 153, 166
Facetime, 156
feuille de calcul, 312
fichier
   application, 106, 109
   transfert, 106
   WiFi, 108
Flash, 73
fond d'écran, 44, 45
   photo, 239
formulaire, 312
   Web, 75
formule, 314
France 24, 176
Free, 159

G

Game Center, 262
   ami, 265
   inscription, 262
   multijoueur, 268
   OpenFeint, 270
   performances, 266
GarageBand
   accord, 279
   clavier, 281
   guitare, 285
   instrument intelligent, 276
   iTunes, 274
   MIDI, 283
   percussions, 284
   piste, 288
   sampler, 287
   transfert, 274
Genius, 203, 204
Géo, 179
géolocalisation, 80, 89
   configuration, 89
   MobileMe, 88
Gmail, 126
GoodReader, 188, 190

Google, 75
Google Apps, 126
Google Bookmarks, 130
Google Docs, 109
Google Maps, 80
Google Reader, 170
Google Street View, Plans, 84
Google Talk, 153
graphique, 314
guitare, 285

H

hameçonnage, 76
haut-parleur, 14
historique, iWork, 300
horloge, 47

I

iBooks, 182
   dictionnaire, 186
   marque-page, 185
   PDF, 184
   recherche, 186
   synchronisation, 186, 187
ICQ, 153
IMAP, 142
iMovie, 250
imprimante, AirPrint, 320, 323, 324
imprimer avec AirPrint, 321
inscription, Game Center, 262
Instapaper, 76
instrument intelligent, 276
Internet, 37, 109
   SMS, 161
   WiFi, 37
invitation, Calendrier, 120
iPhone
   application, 95
   modem, 40
iPod, 194
   Genius, 203
   liste de lecture, 200
   musique, 197
   podcast, 199
   réglages, 202
   synchronisation, 197

iPod Touch, application, 95

itinéraire, Plans, 85

iTunes
  activation, 22
  application, 97, 98
  compte, 92
  écran d'accueil, 97
  partage à domicile, 225
  synchronisation, 22, 112

iTunes Store, 52

iWork
  compatibilité, 296
  document, 298, 300, 301
  exporter, 297
  historique, 300
  iWork.com, 293, 296
  Keynote, 309
  mise en page, 305
  multimédia, 303
  nouveau document, 299
  Numbers, 312
  Pages, 307
  police de caractères, 293
  style de texte, 301

J

Jabber, 153

Java, 73

K

Keynote, 309
  diapositive, 309
  transition, 310
  vidéoprojecteur, 309

Kik Messenger, 161

Kindle, 187

kit caméra, 234

L

Le Figaro, 177

LinkedIn, 167

liste de lecture, 200

livre, 182, 187, 188

loupe, 28

luminosité, 4, 5, 6

M

Mail, 142, 147
  compte, 144
  liste des messages, 150
  photo, 149
  pièce jointe, 143, 145, 149
  ranger son courrier, 145
  réglages, 150
  signature, 152

marque-page, 185

messagerie instantanée, 153, 167

microphone, 10, 12, 13

MIDI, 283

mise en page, 305

mises à jour, 327
  application, 95, 99

MobileMe, 126, 130
  géolocalisation, 88

modem, iPhone, 40

montage vidéo, 249-250

mot de passe, 49, 51

MSN, 153

mSpot, 203

multijoueur, Game Center, 268

multipiste, 288

multitâche, 32-34

musique, 194, 197
  mSpot, 203

N

navigation Web, 68

NewsRack, 171

Nimbuzz, 158

Notes, 132

notification, son, 47

Numbers, 312
  feuille de calcul, 312
  formulaire, 312
  formule, 314
  graphique, 314
  tableau, 312

O

onglet, Safari, 68

OpenFeint, 270

orientation, 9

Web, 67

OTA, synchronisation, 112

P

Pages, 307
  sélection multiple, 307

Paris Match, 179

partage à domicile, 225

PDF, 184, 188

Penultimate, 136

percussions, 284

performances, Game Center, 266

personnalisation
  écran d'accueil, 44, 45
  Plans, 81
  Safari, 74

phishing, 76

photo, 232, 236
  Contacts, 239
  courrier électronique, 238
  diaporama, 240
  fond d'écran, 239
  iWork, 303
  kit caméra, 234
  partage, 238
  retouche, 243

pièce jointe, 143, 145

Plans, 80
  Google Street View, 84
  itinéraire, 85
  personnalisation, 81
  recherche, 83, 86
  repère, 87
  trafic, 81

podcast, 199

Pogo Stylus, 136

polices de caractères, 293

Pulse, 172

push, 129, 130

Q

QuickOffice Mobile, 316

R

recherche, 35, 59, 62, 186
  App Store, 93
  Calendrier, 117

Plans, 83, 86
Web, 75
redémarrer, 326
réduire, Web, 64
Reeder, 171
réglages
autonomie, 15
iPod, 202
Vidéos, 218
réinitialiser, 114
rendez-vous, Calendrier, 118
repère, Plans, 87
restaurer, 115, 327
restriction, 52
retouche, 243
retweet, 165
réveil, 47
RSS, 170
Google Reader, 170
NewsRack, 171
Pulse, 172
Reeder, 171

S

Safari, 58
Flash, 73
Java, 73
navigation, 68
onglet, 68
personnalisation, 74
signet, 70
sampler, 287
sans fil, synchronisation, 112
sécurité, 49, 51
sélection, 29
sélectionner, 307
service de localisation, 232
Shazam, 204
signature, 152
signet
écran d'accueil, 72
Google Bookmarks, 70, 72
synchronisation, 70
Web, 70
SIP, 159
Skype, 158, 160
socle, 46

son, 10, 12, 13, 14
alerte, 47
écouteurs, 15
notification, 47
volume, 46
SoundHound, 204
Spotlight, 35
configuration, 36
streaming, 221
style de texte, 301
copier-coller, 303
support, 46
synchronisation, 11, 22, 25, 112, 186, 187
Calendrier, 113
compte Mail, 114
Contacts, 113
Exchange, 127
opération initiale, 113
OTA, 112
push, 129, 130
sans fil, 112
signet, 70
Yahoo!, 129

T

tableau, 312
téléchargement, 92
téléphonie par Internet, 158
SIP, 159
téléphonie sur Internet
Skype, 160
Viber, 161
texte
coller, 31
copier, 30
correction orthographique, 31
couper, 30
saisie, 28
sélection, 29
ToIP, 158
trafic, Plans, 81
transfert de fichier, 106
transition, 310
tri, Contacts, 122
tweet, 165
Twitter, 163, 164

U

URL, 58

USB, 11, 17, 106

V

veille, bouton, 8, 9
verrou d'orientation, 9
Viadeo, 167
Viber, 161
vidéo, 248
iMovie, 250
montage, 249
vidéoprojecteur, 309
Vidéos, 210, 213
AirVideo, 221
DailyMotion, 218
réglages, 218
streaming, 221
Viméo, 219
YouTube, 218
Viméo, 219
visiophonie, 156
VoIP, 158
volume, 46
bouton, 7

W

Web, 58
agrandir/réduire, 64
clic, 61
consommation, 63
Flash, 73
formulaire, 75
Google, 75
Instapaper, 76
Java, 73
navigation, 68
onglet, 68
orientation, 67
phishing, 76
recherche, 59, 62
signet, 70
Yahoo, 75
WhatsApp Messenger, 161
WiFi, 16
application, 108
fichier, 108
Internet, 37
Wired, 180

Y

Yahoo!, 75, 129, 153
YouTube, 218
diffuser, 258